Primeras páginas de un libro de leyendas historicas de Venezuela.

Arístides Rojas

GUIDE TO FOLD-OUTS, MAPS and OVERSIZED IMAGES

In an online database, page images do not need to conform to the size restrictions found in a printed book. When converting these images back into a printed bound book, the page sizes are standardized in ways that maintain the detail of the original. For large images, such as fold-out maps, the original page image is split into two or more pages.

Guidelines used to determine the split of oversize pages:

• Some images are split vertically; large images require vertical and horizontal splits.
• For horizontal splits, the content is split left to right.
• For vertical splits, the content is split from top to bottom.
• For both vertical and horizontal splits, the image is processed from top left to bottom right.

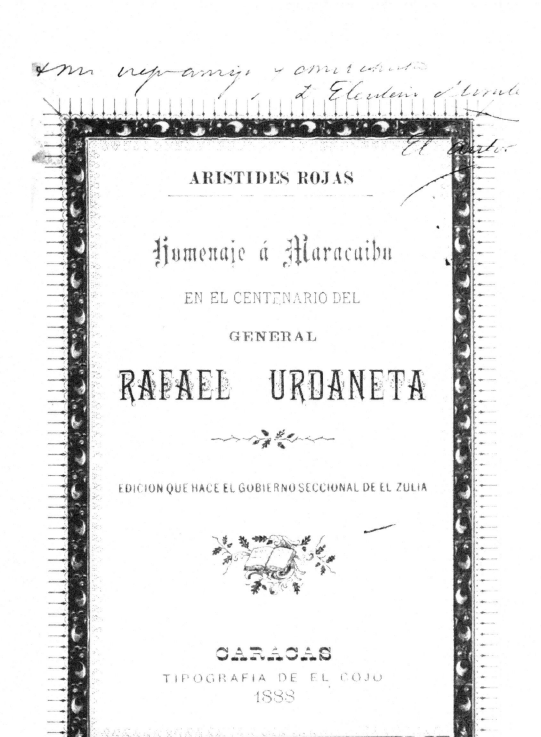

ARISTIDES ROJAS

Homenaje á Maracaibu

EN EL CENTENARIO DEL

GENERAL

RAFAEL URDANETA

EDICION QUE HACE EL GOBIERNO SECCIONAL DE EL ZULIA

CARACAS

TIPOGRAFIA DE EL COJO

1888

9771. Fbr. 20

ARISTIDES ROJAS

PRIMERAS PÁGINAS

DE UN LIBRO DE

LEYENDAS HISTORICAS

DE

VENEZUELA

HOMENAJE DEL AUTOR A MARACAIBO
EN EL CENTENARIO
DE SU MAGNO HIJO EL ILUSTRE PROCER GENERAL

Rafael Urdaneta

EDICION QUE HACE EL GOBIERNO SECCIONAL DE EL ZULIA

CARACAS

TIPOGRAFIA DE EL COJO

1888

INDICE

A MARACAIBO

A tí, patria de Urdaneta, de Baralt, de Andrade, de Yepes, y de tantos varones, cuya memoria es timbre de tu suelo; á tí, con el corazón henchido de gratos recuerdos, dedico estas primeras páginas de un Libro de Leyendas Históricas de Venezuela *que conservo inéditas. Acepta mi homenaje á tus glorias, en los dias en que tú, llena de júbilo, vas á celebrar, con fiestas de gratitud, la primera centuria de uno de tus magnos hijos.*

Naturaleza pródiga te concedió ricos dones, y dilató á tus miradas las aguas de tu lago para que te ensancharan el camino del porvenir. Y, en tanto que tus naves, ufanas con las ricas mieses de tu industria, llevan los pro-

ductos de tu suelo al mercado de ambos mundos, tú ciñes coronas de laurel y mirtos á la frente de tus hijos eximios. A unos les dió la Providencia la espada de Marte, para defensa del patrio suelo: á otros, la pluma de Tácito y las galas del buen decir, heraldos que publican las glorias de América: á estos la inspiración, hija de las musas, para que celebraran las sonrisas de la Primavera y los afectos de la familia; á aquellos la elocuencia de la tribuna y del púlpito, potencia política y religiosa; á todos el amor sagrado de la patria, sublime virtud que te enaltece.

Concédeme un lugar humilde donde pueda colocar estas páginas que te dedico: ellas constituyen mi ofrenda, tan espontánea, tan entusiasta, tan patriótica, como es puro el recuerdo que de tí conservo.

Caracas: Octubre 20 de 1888

Arístides Rojas

LA PRIMERA NODRIZA DE BOLIVAR

A fines del último siglo, por los años de
1770 á 1780, figuraba entre los altos empleados de
Caracas un distinguido é ilustrado oficial, Don Fernando de Miyares, de antigua nobleza española é
hijo de Cuba. ·De ascenso en ascenso, Miyares llegó
al grado de General, siendo para comienzos del siglo,
Gobernador de Maracaibo, y aún más tarde en 1812,
Gobernador y Capitán General de Venezuela, aunque por causas independientes de su voluntad, no
pudo tomar posesión de tan elevado empleo, mu-
riendo poco después, antes de la emancipación de
Venezuela, en la isla de Puerto Rico. Don Fernando había llegado á Caracas trayendo á su joven
esposa, Doña Inés Mancebo de Miyares, de noble familia de Cuba, muchacha espléndida, poseedora de

un carácter tan recto y lleno de gracia que, al tratarla, cautivaba, no sólo por los encantos de su persona sino también por las relevantes prendas morales y sociales que constituian en ella tesoro inagotable. No menos meritorio era su marido, caballero pundonoroso, apuesto oficial, de modales insinuantes y de un talento cultivado; bellas dotes que hacían de Miyares el tipo del militar distinguido. Don Fernando poseía, como su señora, un carácter recto, incapaz de engaño, no conociendo en su trato y en el cumplimiento de sus deberes, sino la línea recta, pudiendo decirse de esta bella pareja que caminaban juntos en la vía del deber, sin que les fuera permitido desviarse. Y en prueba de esta aseveración refieren las antiguas crónicas el percance que á Don Fernando pasó, en dos ocasiones, por la rectitud de su esposa.

Fue el caso que Miyares, en la época á que nos referimos, después de haber fijado la hora de las diez de la noche, para cerrar su casa, regresó á ella en cierta ocasión después de las once; ya la puerta estaba cerrada. Al instante llama, y como nadie le responde, vuelve á golpear con el puño de su bastón.

—¿Quién llama? pregunta una persona desde la sala.

—Inés, ábreme, es Miyares, responde Don Fernando.

—¿Quién es el insolente que se atreve á nombrarme y tutearme, y á tomar en su boca el nombre de mi esposo? Fernando de Miyares duerme tranquilo, y nunca se recoje á deshora. Y retirándose á su dormitorio, Inés de Miyares, tranquila y digna, se acostaba, sin darse cuenta de los repetidos golpes que sobre el portón diera su marido.

Después de haber dormido en la casa de algún militar, Miyares tornaba al siguiente día á su hogar. Al encontrarse con Inés, el saludo cordial era una necesidad de aquellos dos corazones que se amaban y respetaban.

—Cómo estás, mi Inés? preguntaba Don Fernando.

—Cómo estás, Fernando? contestaba aquella. Y ambos, dándose el ósculo de la paz doméstica, continuaban, sin darse por entendidos, sin hacerse cargos de ningún género, y como si hubieran estado juntos toda la noche.

Doce ó quince días más tarde, pues que los buenos maridos son como los niños de dulce índole, que no reinciden, después de la primera nalgada que les afloja la madre, sino algunos días más tarde, Don Fernando quiso tornar á las andadas.

Don Fernando había dicho en cierta ocasión, delante de su servicio, lo siguiente: mi esposa Doña Inés Mancebo de Miyares es el alma de esta casa y sus órdenes tienen que ser obedecidas como las mías. Olvidándose de esto, Don Fernando, en cierta tarde, ordena á su esclavo Valentín que le aguardara en la puerta de la calle, pues tendría quizá que recojerse tarde.

A las diez y media de la noche, Inés manda cerrar la puerta de la calle, cuando se le presenta el esclavo Valentín y le dice la orden que había recibido de su amo. Por toda contestación Inés le ordena, cerrar inmediatamente la puerta de la casa.

Al llegar Don Fernando, tropieza con la puerta cerrada, y creyendo que el esclavo estaba en el zaguán, comienza á golpearla.

—Valentín, Valentín, ábreme — grita Don Fernando.

—¿Quién es el insolente que da golpes en el portón? — pregunta Inés desde la sala.

—Abreme, Inés, ábreme, no seas tonta. Es tu marido Fernando de Miyares.

—Mi marido duerme, insolente — responde Inés — y retirándose á su dormitorio se entrega al sueño, cerrando los oídos á toda llamada. Don Fernando partió.

Al siguiente día, se repite la misma escena precedente, y todo continúa sin novedad. Así pasaban las semanas cuando Don Fernando le dice á su esposa en cierta mañana.—Inés, eres una esposa admirable, el método que te guía en todas las cosas domésticas, el orden que observas, la atención que prestas á nuestros intereses, la maestría con que cultivas las relaciones sociales, éstas y otras virtudes hacen de tí una esposa ejemplar. Debo confesarte que estoy orgulloso y contento.

Y variando de conversación, añade Don Fernando:—¿sabes que mañana estoy invitado por el Intendente Avalos á un desafío de malilla? El Intendente creyéndome hábil en este juego desea que luchemos. Como llegaré tarde de la noche tengo el gusto de advertírtelo para que sepas que estaré fuera.

—Bien—responde Inés.—Quedará la puerta abierta y el esclavo Valentín en el corredor para que atienda á tu llamado. Celebraré siempre que me adviertas cuando tengas que recojerte tarde de la noche, pues ya en dos ocasiones no sé que tunante atrevido ha osado llamar á la puerta, tomando tu nombre. Todavía más, tomando el mío y tuteándome. Estaba resuelta á si esto continuaba quejarme al Capitán Gobernador para hacer castigar tanto desparpajo.

—Cosas de los hombres, hija—contesta Don Fernando—y besando la frente de su señora salió á sus quehaceres.

La familia Miyares vivía, cerca de la esquina de San Jacinto, en la casa hoy Nọ 15 de la calle Este 2. A la vuelta y en la calle Sur 1 vivía el Coronel Don Juan Vicente de Bolívar casado con la señora Concepción Sojo y Palacios. Amigas íntimas, habían de verse diariamente, pues entre ellas existían atracciones que sostenían el cariño y la más fina cortesía. Inés criaba uno de sus hijos, cuando Concepción en vísperas de tener su tercero, pidió á su amiga que la acompañara y le hiciera las entrañas al párvulo que viniera al mundo.

Hacer las entrañas á alguno es frase familiar antigua que equivale á nutrir á un reciennacido, cuando la madre se encuentra imposibilitada de hacerlo. Antiguamente se aceptaba esto por lujo, entre familias de alto rango, y entre los pobres, como necesidad. Casi siempre se elegía de antemano una madre que en condiciones propicias pudiera alimentar no sólo á sù hijo sino también al del vecino, del amigo, ó del pariente.

Concepción quiso que su amiga Inés, hiciera las entrañas al hijo que esperaba, y este nació el 24 de Julio de 1783. Apenas vió la luz, cuando Inés le llevó á su seno y comenzó á amamantarle,—sirviéndole de nodriza por muchos meses, hasta que el niño pudo ser entregado á la esclava Matea. Días después del nacimiento, el párvulo fue bautizado con los siguientes nombres: Simón de la Santísima Trinidad Bolívar.

En el curso de los años, el niño Simón, familiarizado con la amiga de su madre, hubo de tomarle cariño, cuando supo que ella había sido su primera nodriza, lo que contribuyó á que la llamara madre. El Coronel Bolívar murió en 1786 y su señora en 1792, dejando á Simón de nueve años de edad. El niño, aunque travieso y desobediente, continuó, no obstante, llamando madre y tratando con veneración y respeto á la que con tan buena voluntad le había alimentado durante los primeros meses de la vida. Fue por lo tanto, Doña Inés Mancebo de Miyares, la primera nodriza de Bolívar, á la que sucedió la negra Matea que obtuvo cierta celebridad y alcanzó larga vida, pues murió en 1886, habiendo el Gobierno de Venezuela costeado su entierro. *

Ascendido Miyares á Gobernador de Maracaibo, dejó á Caracas y se instaló con su familia en aquella

---

* Una de mis leyendas inéditas lleva el título de *La Negra Matea.*

capital, con regocijo de sus compañeros. * Amado de los habitantes de esta región por su gobierno paternal y justo, estaba Miyares en posesión de su empleo, cuando reventó en Caracas la revolución del 19 de Abril de 1810. Empleado español, opúsose al torrente de las nuevas ideas, sabiendo sostenerse en la provincia de su mando, la cual no entró en el movimiento revolucionario de Caracas. Nombrado más tarde Capitán general de Venezuela, á causa de la deportación del mariscal Emparan, una serie de obstáculos se opusieron á que llegara á tomar posesión de tan elevado encargo, sobre todo, la invasión inoportuna del oficial español Monteverde en 1812. Estaba destinado Miyares á ser víctima de este triste mandatario, que de otra manera, otros habrían sido los resultados al figurar en Caracas un militar de los quilates de Miyares.

Inútiles fueron los esfuerzos que hiciera este legítimo mandatario español de Venezuela en 1812, para traer á buen camino á Monteverde, que prefirió perderse á ser justo y amante de su patria.

En la correspondencia oficial que medió entre estos hombres públicos, se establece el paralelo: Mi-

---

* No puede hablarse del general Miyares sin recordar su gobierno de Maracaibo, tan patriarcal, tan justo, tan progresista. Han pasado cerca de noventa años, y todavía el nombre de este mandatario español lo recuerdan los hijos de Maracaibo con placer y orgullo. Noble destino el de hacer el bien y dejar tras sí bendiciones que se perpetúan! El buen nombre del general Miyares, que respetaron los hombres notables de las pasadas generaciones, sin distinción de partidos, brillará siempre á orillas del dilatado Coquibacoa. Mora aquí un pueblo inteligente, amante de lo grande y de lo bello, que, al hacer justicia á sus grandes hombres, rinde igualmente veneración á los mandatarios españoles que contribuyeron á su grandeza y á su dicha.

yares aparece como un militar pundonoroso, cabal y
digno; Monteverde como un hombre voluntarioso,
cruel y cobarde.

El triunfo de la revolución de Venezuela contra
Monteverde en 1813, encontró á Miyares en Maracaibo. La guerra á muerte comenzaba entonces y
con ella las confiscaciones y secuestros de las pro-
piedades pertenecientes á los peninsulares. Entre las
haciendas confiscadas en la provincia de Barinas, estaba la que pertenecía á la familia Miyares. Doña
Inés juzgó que era llegado el momento en que pudiera recordar á Bolívar la amistad que le había
unido á su madre y la aprovechó para pedirle que
le devolviesen la hacienda de Boconó, que estaba
secuestrada. No se hizo aguardar la contestación
de Bolívar, y en carta escrita al coronel J. A. Pulido,
Gobernador de Barinas, entre otras cosas le dice:
«Cuanto U. haga en favor de esta señora, correspon
de á la gratitud que un corazón como el mío sabe
guardar á la que me alimentó como madre. Fue ella
la que en mis primeros meses me arrulló en su seno.
¡Qué más recomienda que ésta para el que sabe
amar y agradecer como yo!—BOLÍVAR.»

Al acto fue libertada la propiedad de Barinas,
y hasta patrocinada, pues la orden de Bolívar tenía
tal carácter, que para un hombre como el coronel
Pulido era gala complementarla.

Perdida de nuevo la revolución, tuvo Bolívar
que huir de Caracas, en Agosto de 1814, para que
de nuevo la ocuparan las huestes españolas, á las
órdenes de Boves. Entre tanto el general Miyares,

después de haber estado en Maracaibo, Coro y Puerto
Cabello, partió para Puerto Rico, donde feneció por
los años de 1816 á 1817, después de haber celebrado
sus bodas de oro.   No pudo este militar tan distinguido llegar á la Gobernación de Venezuela, pero
sí la obtuvo su hijo político el Brigadier Correa, militar recto y caballeroso, que si como español supo
cumplir con sus deberes, supo igualmente dejar
un nombre respetado y recuerdos gratos de su
gobernación, que han reconocido sus enemigos
políticos.

Era la tertulia del Brigadier Correa, en la cual
figuraba la incomparable viuda Doña Inés Mancebo de Miyares al lado de sus hijas y sobrinas,
centro de muy buena sociedad.   Esto pasaba en los
días en que la guerra á muerte parecía extinguirse,
y los ánimos menos candentes dejaban lugar á la
reflexión. Una solución final se acercaba, y Morillo,
victorioso, era llamado de España.   La parte distinguida de la oficialidad española, con Morillo y
La Torre á la cabeza, frecuentaba la amena tertulia
del Brigadier, donde era venerada la viuda de
Miyares. *

* Esta casa es la de alto situada en la esquina de Camejo, donde estuvieron
primero los patriotas en 1813, después los españoles, y finalmente el Gobierno de
Venezuela desde 1834 hasta 1841

Vive en Caracas una anciana muy respetable que revela en sus modales, conversación variada y ameno trato, lo que ella fue en los días de su juventud, cuando
ahora setenta y cinco años, conoció á Miranda y á los hombres de la revolución de 1810,
y trató más tarde á Morillo, La Torre, Correa, y después á Bolívar y las celebridades
de Colombia y de Venezuela. Es Doña Inés Arévalo, descendiente de aquel Luis Antonio Sánchez Arévalo, de antigua familia española, que se enlazó en Caracas a mediados del último siglo, con la espectable familia Hernández Sanavia. Fue el padre de

No había noche de tertulia, y sobre todo, cuando la «Gaceta de Caracas» publicaba alguna derrota de Bolívar ó de sus tenientes, en que no fuera la política militante tema de conversación. El haber Doña Inés amamantado á Bolívar ó haberle hecho las entrañas, como se dice vulgarmente, era motivo de burla ó de sorpresa.—¿Cómo es posible, señora, que una mujer de tantos quilates no le diera á ese monstruo una sola virtud?—Sedicioso, cobarde, ruin, ambicioso, insurgente; hé aquí la lista de dicterios que tenía que escuchar Doña Inés con frecuencia.

Pero como era mujer de espíritu elevado, á todos contestaba.—«Para obras el tiempo,» decía á unos. —«Hay méritos que vienen con la vejez,» contestaba á otros.—«¿Y si las cosas cambian?» preguntaba en cierta noche á Morillo.—«En las revoluciones nada puede preverse de antemano,» añadía.—«El fiel de la balanza se cambia con frecuencia en la guerra.» —«El éxito corona el triunfo.»

Inés el Dr. Don Juan Vicente Sánchez Arévalo, Oidor honorario de la Audiencia de Caracas y caballero que respetaron los partidos políticos de su época.

Cuando queremos refrescar algunas fechas, aclarar algunos nombres, buscar la verdad de hechos dudosos, durante la época de 1812 á 1824, visitamos á esta distinguida compatriota y amiga nuestra, la cual nos deleita con el relato de hechos curiosos, de dichos notables, y nos habla de aquella sociedad española y venezolana en la cual figuró en primera escala. Inés conserva la memoria, apesar de haber ya pasado de ochenta y seis años.

Retirada del mundo social, y dedicada solamente al amor de sus sobrinos, después de haber visto desaparecer cinco generaciones, Inés ha perdido esa vanidad que alimenta ó entretiene los primeros cincuenta años de la existencia, y ama el aislamiento, aspiración de los espíritus que se acercan á la tumba. Pero como nosotros hablamos en este cuadro de la tertulia del Brigadier Correa donde figuró Doña Inés Mancebo de Miyares, y con ella, la amiga que la ha sobrevivido, nos es satisfactorio decir á nuestro lectores que todavía existe una de las distinguidas venezolanas de aquella época: venerable anciana que es honra de su familia y modelo de virtudes sociales y domésticas.

Reciba nuestra amiga públicamente los sentimientos de nuestra gratitud.

De repente llega á Caracas el correo de España con órdenes terminantes á Morillo, Marqués de la Puerta, Conde de Cartagena, para que propusiera á Bolívar un armisticio, y regresara á España, dejando en su lugar al general La Torre. Tal noticia cayó en la tertulia del Brigadier como una bomba, pues sabíase que Bolívar acababa de llegar á Angostura, después de haber vencido á Barreiro y libertado del yugo español á Nueva Granada. El aspecto de los acontecimientos iba á cambiar de frente y nueva época se vislumbraba para Venezuela.

En la noche en que se supo esta noticia en la tertulia del Brigadier, las conversaciones tomaron otro rumbo. Bolívar no apareció con los epítetos de costumbre, sino como un militar afortunado con quien iba á departir el jefe de la espedición de 1815. Días después Bolívar y Morillo hablaban amigablemente en el pueblecito de Santana. Bolívar se presenta acompañado de pocos, mientras que Morillo lo estaba de lucido estado mayor. Cuando se acercaron, ambos echaron pié á tierra.—«El cielo es testigo de la buena fe con la cual abrazo al general Morillo»—dijo Bolívar al encontrarse frente de su temido adversario.—«Dios se lo pague»—contestó secamente el español, dejándose abrazar. A poco comenzaron las presentaciones por ambas partes, reinando la intimidad y buena fe que caracteriza entre hombres cultos, un acontecimiento de este género.

Entre los diversos temas de conversación que tuvieron Bolívar y Morillo, éste hubo de traer al primero recuerdos gratos.

—En Caracas tuve el gusto de conocer y tratar á vuestra bondadosa madre en la casa del Brigadier Correa—le dice.

—Mi madre, exclamó Bolívar, como sorprendido de semejante recuerdo, y llevando la mano á la frente añadió:—Sí, sí, mi madre Inés ¿no es verdad? Qué mujer! qué matrona tan digna y noble! cuánto talento y cuánta gracia!—añadió el Libertador.

—¿No os parece una de las más elevadas matronas de Caracas?

—Sí, sí, contestó Bolívar. Más que elevada es un ángel, añadió. Ella me nutrió en los primeros meses de mi existencia.

—Si es cierto—dijo Morillo—que las madres al nutrir á sus hijos, les comunican algo de su carácter, en el vuestro debe haber obrado el de tan digna matrona.

—No sé que contestaros—replicó Bolívar.—En medio de estas agitaciones de mi vida, ignoro lo que me aguarda; pero creo que el hombre debe más al medio en que se desarrolla, al curso de los acontecimientos y á la índole del carácter, que á la nutrición de la madre. Estas influyen mucho en los primeros años de nuestra vida. Después, pierden el poderío y la influencia, conservando el amor modificado.

Doce años más tarde, en 1821, Bolívar entraba triunfante en Caracas, después de Carabobo. Hacía ocho años que no la veía. Entre sus necesidades morales figuraba la de hacer una visita á Inés de Miyares que había dejado la casa de su yerno, en la esquina de Camejo, por una casita modesta y pobre situada en la actual Avenida Este. Allí fué Bolívar á visitarla.

—Simón! Eres tú!...—esclamó Inés al ver á Bolívar en la puerta interior del zaguán.

—Madre querida, vengan esos brazos donde tantas veces dormí—esclamó Bolívar.

Y aquellos dos seres en estrecho abrazo, permanecieron juntos prolongado rato.

—Siéntate—dijo Inés enternecida—cuán quemado te encuentro!—añadió.

—Este es el resultado de la vida de los campamentos y de la lucha contra la naturaleza y los hombres—contestó Bolívar.

—Y ¿qué te importa—replicó Inés—si tú has sabido sacar partido de todo?

—Sí, parece que la gloria quiere sonreírme.

Bolívar había comenzado á hablar de los últimos sucesos de su vida militar, cuando de repente, toma las manos de la señora, las estrecha y le dice :

—Os he recordado mucho, buena madre. Morillo me hizo vuestro elogio en términos que me cautivaron. En qué puedo seros útil?

—Los bienes de Correa están secuestrados !

—Serán devueltos hoy mismo—dijo Bolívar.— Vuestro yerno es un oficial que honra las armas españolas. Nos ha combatido como militar pundonoroso. Os ofrezco un pasaporte para todos vuestros hijos, agregó Bolívar. Es necesario que ellos figuren con nosotros.

—Eso nó, hijo, eso nó—esclamó doña Inés— como herida. Todo te lo acepto menos eso. Ellos pertenecen á una causa por la cual deben aceptar hasta el sacrificio. Mucho te agradezco este rasgo de tu bondad, pero creo que cada hombre tiene una causa, la causa de la patria. Ellos son españoles y su puesto está en España.

—Muy bien, muy bien —contestó Bolívar.—Así habla la mujer de inteligencia y de corazón.

Al siguiente día Bolívar libraba del secuestro los bienes del Brigadier Correa.

Ignoramos si cuando Bolívar estuvo por la última vez en Caracas, en 1827, visitó á su madre doña Inés. Es muy natural suponer que así lo hiciera, pues ya en la edad avanzada en que estaba ésta, con sus hijos ausentes y sin fortuna, las atenciones y la gratitud son como rocío del cielo en el hogar silencioso y digno de la pobreza.

Doña Inés no sobrevivió á Bolívar sino en tres años, pues murió en 1833.

Cuando alguno de los descendientes del general Don Fernando de Miyares, escucha á alguien que hace gala de poseer algún recuerdo del Libertador ó de agradecer algún servicio hecho por éste, hay siempre una frase que ahoga toda pretensión, y es la siguiente : « *Quite usted, que en mi familia fue donde se le hicieron á Bolívar las entrañas,*» queriendo decir con esto, que la primera nodriza de Bolívar fue la esposa de aquel notable militar, Doña Inés Mancebo de Miyares, noble hija de Cuba.

ARAMENDI

De los llaneros de Páez, de aquellos hombres ágiles, fornidos, hercúleos, siempre dispuestos al combate personal y á la pelea en el campo de batalla, para quienes no había fuerza de la naturaleza que se opusiera á sus ardores bélicos, de aquellos hombres semejantes á los dioses–bestias, los antiguos hipántropos, escaladores del Olimpo, puede decirse que no había entre ellos que escojer. Tan valeroso y hábil aparecía Aramendi, como Carmona, Rondón, Mina, Paredes, y como estos, Mujica, Infante, Figueredo, Camejo, Angulo, etc., etc., que cada uno de ellos y todos parece que habían sido fundidos en un mismo molde, 'formado del bronce de los héroes. Sólo uno, á quien todos reconocían como Jefe, descollaba, cual nuevo Centauro, en medio de estos adalides que hubieran podido rivalizar con los héroes de la antigua Grecia.

No hay pluma que pueda describir esta legión mandada por Páez. Era la tromba, el alud, el rayo eléctrico, fuerzas de la naturaleza en su desorden vertiginoso obedeciendo á una sola voluntad. Para descollar entre ellos, Páez había tenido que vencer á cada uno y á todos en conjunto, apareciendo sublime, ya en defensa personal contra el jaguar y el caimán, ya luchando contra el toro indómito, ora salvando el río desbordado, soportando el hambre y la inclemencia del clima, ora venciendo cuerpo á cuerpo á sus rivales, ya descollando en el manejo del corcel y de la lanza, ya finalmente con la astucia, con la inteligencia, con los hechos fabulosos que relata la historia de este portentoso hombre.

Semejante figura tenía que ser el ideal de sus tropas, siempre dispuestas á obedecerle sin titubear, cualquiera que fuese el peligro. Y si por una de tantas flaquezas del corazón humano, en un momento de duda, aquella falanje retrocedía ante fuerzas superiores, un grito del Jefe bastaba para que los fugitivos cambiando de dirección, tornaran á la pelea y aparecieran entusiastas, valerosos, invencibles.

Entre los centauros de Páez figuraba Francisco Aramendi, que llegó al grado de Coronel, después de haber conquistado brillante hoja de servicios. Pelea en Chire, Mata de la Miel, Yagual, Achaguas, Banco Largo, Santa Catalina, Barinas, Pedraza, Calabozo, Queseras del Medio y en mil acciones más al lado de Páez. Cuando llega la trasmontada de los Andes en 1819, acompaña á Bolívar y brilla en Paya, Bonza, Gámeza, Vargas y Boyacá, para después sobresalir en Carabobo, siempre valeroso, siempre afortunado.

Páez y Aramendi comenzaron casi en una misma época en las guerrillas de la pampa venezolana; pero Páez por sus méritos llegó á ser Jefe, mientras que Aramendi se quedó como subalterno. Era Aramendi un hombre alto, bien formado, de fuerzas hercúleas, de carácter altivo y dominante, el primero en la pelea, y más que todo, decidido por la causa republicana que había aceptado con entusiasmo.

Para conocer el temple de este oficial de Páez, basta referir el siguiente hecho que es la fotografía del hombre de carácter, de audacia y de resolución. En uno de tantos encuentros que tuvo Páez con las tropas de López, de Calzada, de La Torre, de Morales y de Morillo, sufrió Aramendi la desgracia de ser sorprendido en las filas enemigas. Por supuesto que á un hombre tan valeroso, conocido y admirado de los españoles, no podían estos sacrificar, sino tratar de atraerle por cuantos medios pudieran ponerse en juego. Esto mismo sucedía con los hombres de valor que caían prisioneros en las filas patriotas; y Páez refiere en su «Autobiografía,» cómo hizo para que el venezolano Peña, decidido realista, se convirtiera en terrible defensor de la causa americana.—Sólo militares como Monteverde, Morales y Boves sacrificaban á los prisioneros, dignos de general admiración.

En el campo español, Aramendi fue agasajado

3

con promesas, si aceptaba la causa del Rey; pero como el llanero era hombre astuto, hacía concebir tales esperanzas, agregando que era obra del tiempo y que de ninguna manera podía hacerlo inmediatamente, porque ellos mismos le verían con desprecio. Este modo de raciocinar Aramendi le conquistó la amistad de los españoles, quienes le regalaron un hermoso caballo y un sable de filo cortante, pues le querían como jefe y no como lancero.

Llegó al fin el día de la prueba, en que Aramendi debía, según los españoles, aceptar el siguiente dilema: ó destrozaba á sus compañeros y amigos y se afiliaba en la causa del Rey, ó resolvía pasarse á los patriotas, y, en este caso, iba á ser víctima de aquellos. En una de las ocasiones en que de antemano se anunciaba uno de esos encuentros terribles entre los lanceros de Páez y los peninsulares, Aramendi fue colocado en la primera fila, entre dos oficiales que montaban buenos caballos y manejaban buenos sables. Bien comprendió el prisionero que aquellos hombres iban á sacrificarle si no atacaba como ellos deseaban, á los lanceros de Páez. En vista del peligro, Aramendi concibe su plan, y al divisarse los ejércitos, los dos bandos se precipitan uno contra otro. Al grito del jefe español « ¡adelante! » Aramendi grita igualmente, «¡adelante, compañeros, adelante!...» Ya van á chocarse los combatientes, cuando gritando á toda voz « ¡adelante! » y con velocidad increíble, Aramendi derriba de un sablazo la cabeza de uno de los oficiales é instantáneamente la del otro, y grita: «¡Viva América libre!» en el momento en que los suyos gritaban también: «¡Aramendi, Aramendi!» y se confundían en la pelea. Voltear gurupa y caer Aramendi sobre los lanceros españoles, derribando cabezas é infundiendo el espanto, fue obra de momentos. Así pudo el célebre llanero salvarse de un sacrificio al cual estaba de antemano destinado. Al llegar al campamento es felicitado por sus compañeros, por la manera como se había salvado de las garras del tigre, según la frase de Páez.

Todos estos guerreros estaban ya tan acostumbrados á estos episodios variados y repetidos, que juzgaban como hechos muy naturales, luchar contra el toro y el caimán, tomar embarcaciones á caballo y á nado é introducirse en el campo enemigo y salir después de producir espanto y confusión.

Celillos ocultos que con frecuencia se trasparentaban, abrigaba Aramendi contra Páez. Es siempre la superioridad una fuerza de tal prestigio, que si la mayoría de los hombres la acepta y la admira, es para la minoría una pesadilla constante. De aquí esas rivalidades ocultas que estallan cuando menos se las aguarda. Aramendi se manifestaba reacio á obedecer las órdenes de Páez, en tanto que los otros oficiales de igual graduación, servían con expontaneidad y placer. Necesitaba por lo tanto aquél una ó más leccioncillas de su jefe que le amellaran el carácter altivo y voluntarioso; y Páez que venía estudiando á su subalterno hacía tiempo, velaba el momento oportuno en que debía domar á su inconsciente rival.

En cierta mañana, cuya época y sitio no podemos fijar, pues los beligerantes cambiaban con frecuencia de localidad, juzgó Páez que había llegado el momento. Preséntase Aramendi en el campamento estrenando una camisa de fuerte cotonía, de la cual hacían mucho uso los llaneros, en tanto que Páez tenía una muy galana y fina de la tela que se conocía entonces con el nombre de purciano. En una lucha personal, Páez se hubiera salvado de su contendor porque su camisa sin resistencia, no ofrecía apoyo á la mano que la asiera, mientras que la de Aramendi, de tela tramada, podía ser agarrada y ayudar á su contrario á sacudirle y echarle por tierra.

—Salgamos á la sabana—dice Páez á Aramendi—tengo necesidad de tus servicios.

Y ambos bien montados y acompañados de tres ayudantes caminaron largo trecho. Páez conociendo el carácter del oficial que tenía á su izquierda, dobla la pierna derecha sobre la cabeza de la silla como en disposición de desmontarse sin dificultad en un momento dado.

—Te necesito, Aramendi—dice Páez—lleva este oficio á su dirección, sin pérdida de tiempo, pues es urgente.

—Yo no llevo oficio de ninguna especie.

—¿Cómo que no llevas oficio? Inmediatamente te pones en marcha para estar de regreso dentro de cuatro horas.

—No obedezco; no voy á ninguna parte—contesta Aramendi.

Y Páez, dejándose caer del caballo, agarra á Aramendi por la pechera, le derriba y le imposibilita todo movimiento. Y sacando su daga para amagar á su contendor, le dice:

—Voy á matarte, insubordinado.

¿Y qué supone el lector que contestó el valiente llanero?

—Máteme — contestó Aramendi — con la mayor sangre fría.

Al instante Páez se pone de pie, guarda la daga, y reculando hacia atrás, le dice á Aramendi que se había erguido al verse libre de los hercúleos brazos de Páez.

—¿Cómo matarte? Nó, nó; los hombres de tu temple, de tu valor, de tus servicios, no se sacrifican así. Venga esa mano — agrega Páez — dirigiéndose hacia su contendor.

Aramendi le extiende la mano, ambos se juntan.

—Obedezco, mi Jefe — dice Aramendi — iré adonde me habéis indicado. Podéis darme la vida que quiero; yo sabré emplearla.

Aramendi sigue á desempeñar su encargo, acompañado de un ayudante, en tanto que Páez regresa al campamento.

Pero si esta primera lección había sido elocuente, pues Páez había probado á su contendor que podía vencerle con la fuerza, Aramendi, á poco andar, gruñía á solas, indicando que aún necesitaba de otra.

En efecto, llegó el momento de recibirla. Un día, antes de la célebre batalla del Yagual, en el camino que media entre este sitio y Bancolargo, marchaba aquel ejército de llaneros, infantes, emigrados,

militares de todas graduaciones, abogados, clérigos,
médicos, hombres notables arrojados por la suerte de
la guerra al campamento de Páez y entre los cuales descollaban como militares y jefes de la infante-
ría Urdaneta, Santander y Servier.

Páez había puesto al frente de la retaguardia á
Aramendi que venía en esa mañana algo pesado y
bamboleante. Cuando Aramendi estaba excitado
por alguna gota de licor, se hacía impertinente,
amenazante y todo el mundo le temía. Viendo
Páez que la marcha se retardaba, envió dos ó
más edecanes cerca de Aramendi para que apurase
el paso ; pero el jefe de la retaguardia se contentó
con dirigirles algunas chuscadas.

En esto se presenta Páez y apremia á Aramendi á acelerar el paso.

—Qué marcha ni marcha —contesta el llanero.—
Yo ando como me acomoda y los otros que anden
como quieran. Yo á nadie temo. Soy hombre
para todos, y soy también hombre para usted,
señor General. Y al acabar la última frase, echa
pié á tierra, como en son de atacar á Páez.

Este se desmonta, avanza sobre el atlético llanero, le mete una zancadilla y le arroja á distancia.
Inmediatamente le dice Páez con voz de mando :

—Levántate, monta, y sígueme.

Y Aramendi se levanta, monta su caballo y sigue
sin proferir una palabra.

Al siguiente día, tenía efecto la célebre batalla
del Yagual.

Pero no por esto se extinguieron en Aramendi

los celillos que de vez en cuando se daban á conocer, aunque ya debilitados. La gloria de Páez
se agigantaba, después del Yagual. Los antiguos
militares y los hombres de la ciencia habían fallado
sobre el héroe que había salvado con gloria los res-
tos admirables de las campañas de 1813 y 1814.
Los hechos eran más elocuentes que las luchas de
los pujiles. Aramendi iba á ser vencido con un
acto de generosidad.

Recordarán nuestros lectores aquel diálogo que
tuvieron Bolívar y Páez, cuando éste promete al
primero que tomaría con sus lanceros las flecheras
españolas ancladas en el río Apure. * Ha llegado el momento en que Páez, escogiendo cincuenta
de sus centauros y á la cabeza de éstos Aramendi,
va á dar cima á una empresa desconocida. Ya las
monturas han rodado por tierra sin que los ginetes
hayan tenido que apearse de los caballos y sólo se
aguarda la orden de Páez, cuando éste dice á sus
compañeros:—«Debemos apoderarnos de esas flecheras ó morir. Sigan á su *Tío.*» **—Al instante
salen del monte ginetes y caballos y se lanzan al
río y nadan en dirección de la escuadrilla española.

Al ver la velocidad con la cual Páez se lanza
al agua, Bolívar, que desde la orilla asistía á todos
los preparativos de la empresa, sin poder darse cuenta de si era realidad ó sueño lo que pasaba, excla-

(*) Véase «Autobiografía de Paez,» vol. 1, pág. 145.

(**) Nombre que daban los llaneros á Paez.

ma, dirigiéndose á Páez:—«Usted es un loco, usted es un loco.»—Y abriendo los ojos y fijando toda su atención observa cómo los llaneros llevaban las lanzas en la boca, nadaban con un brazo, mientras que con la mano que sostenía la rienda, acariciaban los cuellos de los corceles, animándolos á vencer la corriente, al mismo tiempo que, según el relato de un escritor inglés testigo de este suceso, ahuyentaban con gritos la muchedumbre de caimanes que poblaban las aguas. Bolívar escucha el disparo de los cañones españoles, ve levantarse las espirales de humo y dispersarse los marinos de la escuadrilla, en el momento en que los centauros conducidos por Páez, desde el anca de los caballos, brincan á bordo de las flecheras. Antes de llegar, Aramendi que seguía á Páez, dice á éste, en el momento de acercarse á la primera embarcación :

—Mi General, si usted pone la mano sobre la flechera, primero que yo, se la corto.

—A tí te pertenece esta gloria—contesta Páez. —Ninguno más meritorio que tú.

Y Aramendi parándose sobre el anca de su caballo, se agarra del borde de la flechera y brinca. El capricho de Aramendi estaba satisfecho. Bien podía concedérselo quien era el autor de aquel pensamiento que al realizarse, deja atónito á Bolívar y causó espanto á Morillo.

¡ Inexcrutables destinos del mundo ! Este hombre que había alcanzado tanta gloria, que había figurado en tantos choques y batallas ; este hombre que se hubiera sacrificado por Venezuela y por

Páez, á quien había acompañado por todas partes, fue villanamente asesinado en el pueblo de Guasdalito en 1822.

Dormía Aramendi acompañado de su esposa, en una hamaca colgada en el corredor exterior de la casa, cuando en oscura noche llegan los asesinos que iban á sacrificarle. Acércanse á la hamaca, pero viendo que el llanero tenía al lado á su señora, cortan uno de los hicos de aquella, y la pareja cae en tierra. Aramendi que comprende al instante lo que pasa, se levanta como un león, y sin tiempo para defenderse, porque los asesinos le acribillan y le circundan, siente que le falta el brazo derecho que ha quedado colgando, al sablazo de uno de los conjurados. Haciendo entonces uso de la otra mano, logra cojer por el pescuezo á otro de los conjurados y le extrangula, en tanto que los restantes acaban de asesinar al atlético llanero que cae exánime.

Así murió aquel corazón de hierro, aquel célebre adalid de los centauros de Páez, que había salido triufante de los más crudos lances, y había sabido esculpir su nombre en los anales de la patria colombiana.

RENOVACION MILAGROSA DE UNA PINTURA

¡ Cómo se trasparentan los milagros y se disputan los orígenes de las vírgenes americanas á proporción que cada pueblo, en posesión de un retablo
ó de una escultura, rinde á estos constante culto !
De las tres secciones de la América española que
sintetizaron en remotos días la civilización indígena,
cada una de ellas proporcionó á los conquistadores
alguna virgen milagrosa. Pertenece á los mejicanos
Nuestra Señora de *La Guadalupe*, y á los neo-granadinos la de *Chiquinquirá*, en tanto que los peruanos vieron surgir á la de *Copacabana* de las orillas
del hermoso Titicaca. Al través de los años y de
las revoluciones, el culto á estas vírgenes de la conquista española en América, se conserva, y todas
ellas tienen sus templos y cofradías al par que sus

panegiristas y biógrafos. La historia de éllas ha proporcionado tres libros que se conservan en todas las bibliotecas antiguas y son consultados todavía por curiosos y devotos modernos.

Estas tres obras, según su antigüedad, son:

ANDRÉS DE S. NICOLÁS (P. Fray Agustín Descalzo)—Imagen de Nuestra Señora de Copacabana, portento del Nuevo Mundo, ya conocido en Europa. —Madrid, 1 vol. en 8o, 1663.

PEDRO DE TOVAR Y BUENDÍA. — Verdadera histórica relación del origen, manifestación y prodigiosa renovación por sí misma, y milagros de la imagen de la Sacratísima Virgen María, Madre de Dios, Nuestra Señora del Rosario de Chiquinquirá, que está en el Nuevo Reino de Granada, etc., etc.—Madrid, 1 vol. en 8o, 1735.

FRANCISCO DE FLORENCIA. (De la Compañía de Jesús)—La Estrella del Norte de Méjico, aparecida al rayar el día de la luz evangélica en este Nuevo Mundo, en la cumbre del cerro de Tepeyac, etc., etc. en la historia de la milagrosa imagen de María Santísima de Guadalupe que se apareció en la manta de Juan Diego, etc., etc.—Madrid, 1 vol. en 8o 1741.

Entre los conquistadores del Nuevo Reino de Granada (hoy Nueva Colombia), figuró un tal Antonio de Santana, hombre devoto de la Virgen del Rosario. Encomendero de los pueblitos de Suta (hoy Marchena) y de Chiquinquirá que dista del primero ocho leguas, quiso hacerse de una imagen de la Virgen para el templo que había levantado en

Suta, lugar de su residencia; y para realizar su deseo fuése á la ciudad de Tunja y encargó al pintor Alonso de Narvaez una imagen del Rosario que tuviese de un lado al Apóstol San Andrés y del otro á San Antonio de Padua, dándole al efecto larga manta de algodón que le sirviera de tela. Concluida la obra y puesta en cuadro, como mejor se pudo, fue colocada en el altar de la capilla y expuesta á la devoción de castellanos é indios.

Como el altar se mojaba cuando llovía, sobre el cuadro corrieron abundantes goteras de agua, lo que contribuyó á que lentamente sufriera la obra y desapareciera en ciertos lugares la pintura. Y á tal grado llegó el deterioro, que obligado se vió el Cura doctrinero de Suta, á recurrir á Santana en solicitud de nueva imagen de la Virgen, puesto que ya la primera no inspiraba devoción alguna. Como no pudiera Santana satisfacer los deseos del Cura, se vió éste en la necesidad de exigir de su padre, Juan Alemán, la imagen del Crucificado pintada en Nueva España, que éste poseía. Exornado de nuevo el altar de Suta con el cuadro del Cristo, dispúsose que el lienzo deteriorado de Nuestra Señora del Rosario fuese remitido á la Capilla del vecino pueblo de Chiquinquirá, nombre éste que en idioma chibcha equivale á *lugar de muchas lluvias y continuas nieves.*

Tenía Antonio de Santana un hermano llamado Pedro, cuya esposa, María Ramos, había permanecido en España, en tanto que Don Pedro buscaba fortuna en Tunja, donde llegó María en

1585 llamada por su marido. Feliz fue la travesía y alegre se preparaba María á encontrarse con su cára mitad, después de prolongada ausencia, cuando al abrazar á Don Pedro no encontró en éste sino un marido indiferente, un corazón frío á las ternuras de la esposa, y cierta fisonomía en la cual había dejado huellas el olvido. Abundante llanto fue el consuelo de María ante tan cruel desengaño; pero lenitivo á éste fue la oración, que es la piedad consuelo y también amor que á Dios dedica el alma dolorida.

En cierta mañana del año de 1585, María, con permiso de su esposo, siguió al pueblo de Chiquinquirá con el objeto de visitar á su pariente Catalina García de Irlos. Devota de la Virgen del Rosario, solicitaba María una imagen de ésta, ante la cual quería orar, cuando al visitar la triste Capilla del pueblo tropieza con un cuadro que yacía en el suelo: era el lienzo de Nuestra Señora del Rosario que de Suta había sido trasportado á Chiquinquirá, donde caído del altar permanecía en tierra, mezclado con la basura de la Capilla. María lo toma, lo examina, quiere descifrar lo que en él figuraba y nada logra: tal era el estado de la pintura hecha en 1532 y borrada en su totalidad en el espacio de cincuenta años. María barre la Capilla, y después de haber orado delante del lienzo, regresa á la casa de Catalina, quien al verla tan contristada, le refiere la historia de la imagen. Desde este momento, María poseída de nuevo entusiasmo, continúa con perseverancia en sus oraciones y visitas al templo en el cual, llena de éxtasis, imploraba de la Madre de Dios la renovación de aquel lienzo, creyendo hallar de esta manera realizadas sus más nobles aspiraciones.

Corrían los días y con ellos las visitas de María, cuando en cierta mañana, el 26 de diciembre de 1586, después de prolongada oración, sale á la calle. Y aún no había llegado á la puerta, cuando tropieza con cierta india cristianizada que traía un niño que llamaba la atención de la madre hacia el interior de la Capilla, diciéndole :—*Madre, mira á la Madre de Dios, que está en el suelo.*—Y observando la india lo que pasaba, vió en efecto que la capilla estaba iluminada y la imagen llena de suaves resplandores.—La india, llena de asombro en vista de tal prodigio, llama la atención de María, que á la sazón salía del Templo, y le dice: «*Mira, mira Señora, que la madre de Dios se ha bajado de su lugar, y está allí en tu asiento parada, y parece que se está quemando.* Vuelve María Ramos el rostro, refiere la tradición ; y ve, que la madre de Dios estaba de la manera que decía la india ; y admirada en presencia de tan inesperado portento, llena de asombro y pasmo, dando voces y derramando lágrimas, entra de prisa al lugar donde estaba la milagrosa Imagen, y arrojándose á sus santísimos piés, con mucho temor, fija los ojos en ella y ve cumplidos sus deseos, porque estaba manifiesta la Imagen de la Madre de Dios, con hermosura celestial, y con colores muy vivos y alegres, y con el rostro muy encendido, y rosado, despidiendo de sí grandísimo resplandor, que bañando de luces á los santos que tenía á su lado, llenaba de claridad toda la Capilla, y el alma de María Ramos de celestial consuelo,» como agrega el Cronista. «Y derramando lágrimas de alegría y devoción, prorrumpe en estas razones: *Madre de Dios, Señora mía, ¿dónde merezco yo, que os bajéis de vuestro lugar, y estéis en mi asiento parada?* » *

A los clamores de María, acude gente á la Capilla, y todos y cada uno de los concurrentes son testigos de la sorprendente renovación del lienzo en el cual hacía cuarenta años que había figurado la Imagen de Nuestra Señora del Rosario.

Desde aquel día comienza la fama de la renombrada imagen de Chiquinquirá, divúlganse los milagros que hace, y acuden á ella enfermos de los sitios más distantes. Peregrinaciones de fieles visitan á la virgen, y á su turno, ésta es conducida en triunfo á las ciudades de Tunja y de Bogotá para salvarlas de las epidemias que las afligían. Brota cerca del templo de Chiquinquirá fuente de agua milagrosa, proporcionan salud los panecillos hechos con barro del templo de María, en tanto que mano invisible llena de aceite la lámpara inextinguible que arde delante de la Virgen. Fúndase en Chiquinquirá convento de Predicadores, y la devoción á la Soberana de los cielos pasa los límites del suelo nativo para recibir culto en Ecuador y Perú y cruzar el océano en solicitud del mar gaditano y de las islas Filipinas del archipiélago índico. Ciegos, tullidos, envenenados, náufra-

---

* Obra citada.

gos, heridos, cuantos necesitados acuden á la Virgen
son otros tantos clarines que pregonan la gloria de
la *Rosa Mística* y de la *Casa de Oro* de los Andes de
Chiquinquirá.

Al recibir culto á orillas del Magdalena era natural que aquel se propagara por las costas que des-
cubrieron Ojeda y Vespucio y que recuerdan al virtuoso Bastidas; pero sólo la ciudad de Maracaibo
estaba destinada á que el milagro de la renovación
del cuadro se efectuase por segunda vez, haciendo
de esta ciudad el nuevo santuario de la celebrada
Virgen de Chiquinquirá.

¿Cómo apareció á orillas del hermoso lago de
Coquibacoa el culto á la Virgen andina? La tradición
maracaibera, conforme nos la contaron ahora muchos
años en la casa número 5 de la calle del *Milagro*, es
la siguiente :—Vivía en ésta por los años de 1749 á
1750 una molendera de cacao, cuyo nombre se igno-
ra. En su trabajo estaba en la mañana de un sábado,
cuando le llama la atención ligeros golpes que sobre
una de las paredes del corredor de la casa, daba un
cuadro de pequeñas dimensiones allí colgado. Re-
presentaba éste copia de la imagen de Chiquinquirá
que poseía la molendera hacía muchos años. Por
segunda vez la buena mujer oye los golpes del cuadro
y dirije á éste sus miradas; mas viéndolo inmóvil,
torna la vista á su trabajo. A poco golpea el cuadro
por tercera vez, y la mujer, ya excitada por la curio-
sidad, se encamina hacia la imagen de la Virgen.
Pero cuánta fué su sorpresa, cuando al acercarse,
observa que la vieja y denegrida pintura se ilumina,

apareciendo visibles todas las figuras. Al grito de «Milagro» acuden los vecinos, testifican muchos el hecho, comienzan las visitas, establécese la peregrinación, surge el culto á la Virgen de Chiquinquirá, y la pequeña choza es convertida en sitio de adoración. Con ésta comienzan los milagros, acuden los enfermos y necesitados, en tanto que los nuncios de la fama publican por todas partes los prodigios de María, bajo la advocación de la Chiquinquirá.

Pero esta leyenda difiere en algo de la que conservaban escrita los frailes domínicos de Caracas en sus viejos libros que leímos y de los cuales extractó el viajero francés Depons lo que acerca de este suceso figura en su obra, * Sábese que la orden de predicadores ha sido desde que apareció la Virgen de Chiquinquirá, la gran panegirista de los portentos de ésta, y la que más ha contribuido á extender el culto y veneración á Nuestra Señora del Rosario.

Refieren los Padres domínicos, que una anciana mulata de Maracaibo, al tomar en cierta mañana, por casualidad ó necesidad, el único limpión ó toalla que tenía en su casa, notó con sorpresa que en el lienzo se dibujaban ciertos colores ; pero mayor fue la emoción cuando al extender el lienzo, vése en este á la imagen de la Virgen de Chiquinquirá. Sin poder darse cuenta de lo que pasaba, la mulata, con los ojos fijos sobre la pintura, observa que los colores se avivan y que el cuadro se inunda de brillo deslumbrante. Llama, la pintura vacila en las manos que la sos-

---

* Voyage à la partié orientale de la Tèrre-Ferme.—3 vols. Paris, 1806.

tienen ; grita, como queriendo tener testigos de un
hecho del cual no podía darse explicación alguna.
A las voces de la pobre mujer acuden los vecinos,
que quedan absortos en presencia de la luz que baña
el cuadro. La admiración, el recogimiento se apodera de todos, brilla la fe en los corazones sencillos y
la Virgen comienza á recibir culto y admiración de
todas las secciones de la ciudad en derredor de la
calle del milagro. A poco, el culto cobra creces, se
trasparentan los milagros, y la capital Maracaibo di-
rige fervientes votos á Nuestra Señora de Chiquinquirá.

Tamaño éxito no podía pasar por inadvertido
á las autoridades civil y eclesiástica, las cuales
comprendieron que era imposible á la imagen recibir culto en el lugar donde se había efectuado el portento, y para remediar tal inconveniente presentóse
el Ayuntamiento, en cierto día, en la casa de la mulata anunciándole que la Virgen sería trasladada á la
iglesia parroquial. Abundantes corrieron las lágrimas de la buena mujer al ser enterada de la resolución del Ayuntamiento, que no cedió ni á las repre-
sentaciones, ni á las reiteradas súplicas.

Llegó al fin la tarde en que el clero, las autoridades civiles, el señorío y pueblo de Maracaibo dándose anticipadamente cita, llegaron en procesión á
la calle del milagro en solicitud de la Virgen de Chiquinquirá para colocarla en el templo parroquial.
Por orden del gobernador, dos caballeros de los
más distinguidos de la ciudad tomaron la tela pintada, poniéndose en marcha la procesión. Pero ¡oh

prodigio! al llegar la imagen á la primera esquina que debía doblarse, la pintura adquiere un peso tal que la fuerza humana es impotente para levantarla. Entonces comienzan las súplicas y ofrecimientos de los devotos á la Virgen. Opinaban unos porque esta regresara á la casa donde se había verificado el portento, en tanto que otros señalaban la esquina como sitio que escogía la Soberana para que se le levantara una Capilla. Encontradas parecían las diversas opiniones cuando uno de los concurrentes dijo, que quizá la Virgen no quería ir al templo de la parroquia, es decir, á la iglesia matriz, y sí á la de San Juan de Dios que estaba más cercana. Este parecer fue el que triunfó, porque al instante la imagen se aligera, lo que fue bastante para que continuase la procesión y la llevasen en triunfo al templo mencionado. Desde aquella tarde, Nuestra Señora de Chiquinquirá es no sólo la protectora y abogada de los moradores de Maracaibo y ciudades que bordan el dilatado lago de Coquibacoa, sino también la Virgen de los marinos zulianos, que la invocan en las noches tempestuosas, para saludarla y bendecirla de nuevo á los rayos del sol naciente.

Como se ve, un mismo origen y semejantes incidentes acompañan á la aparición de esta imagen de Chiquinquirá, tanto en los Andes de Cundinamarca, como á orillas del lago de Coquibacoa, aunque medie entre una y otra renovación de las pinturas el espacio de dos siglos. La leyenda maracaibera tiene cierto carácter local que la realza: no es culto que ha llegado de otros países y se ha

impuesto, sino la posesión de un hecho sobrena-
tural que da á la narración nacionalidad indispu-
table. El culto á esta Virgen está en la índole de
la población maracaibera y en sus viejas tradicio-
nes. El vocablo Chiquinquirá pertenece ya á la
topografía zuliana y á la familia, pues el nombre
de Chinca, contracción del de Chiquinquirá, abun-
da en las mujeres de Maracaibo, desde mediados
del último siglo; y á proporción que el culto ex-
terno toma creces, y la familia zuliana se desarrolla
amparada por la fe, el marino de Coquibacoa no
abandona á su estrella confidente que le guía la
prora en los mares procelosos. El la contempla
como á Nuestra Señora de la Guarda los marinos
de la antigua Marsilia, como los de Génova á la
Virgen de Monte Alegre, y á la de Monte Negro
los que viven en el bello golfo de Tigulio; que cada
puerto de los antiguos mares, al derrocar los ge-
nios tutelares del paganismo, encontró en la historia del Cristo las nuevas creaciones de la fe cris-
tiana que han continuado en los relatos de la
familia. Así el marino zuliano al dejar su hogar,
al dirigirse á la Virgen de su devoción, recuerda
aquellos versos del poeta Chiabrera, con los cuales invocan los marinos de Savona, desde remotos
tiempos, á la Virgen de la Misericordia :

«In mare irato, in subita procella.
«Invoco te, nostra benigna Stella.»

Jalón, Salomón y Marimón

Jalón, Salomón y Marimón fueron tres distinguidos militares españoles que figuraron en la época de la guerra á muerte. Cultos, insinuantes como
hombres de educación esmerada, corrieron casi una
misma suerte en los días más crudos del Terror,
1813—1814. Unía á estos militares la nacionalidad,
pero los separaban las opiniones políticas. Jalón
se había afiliado en el bando patriota, mientras que
Salomón y Marimón pertenecían al español.

Jalón, joven de relevantes méritos, domiciliado
en Caracas y con amigos caraqueños, acepta el
movimiento revolucionario del 19 de Abril de 1810,
y entra de lleno en el cambio de las nuevas ideas,
figurando desde muy temprano en los ejércitos im-
provisados del Gobierno. Cuando se verifica el

terrible sacudimiento del 26 de Marzo de 1812, Jalón que estaba en Barquisimeto ve desaparecer bajo
los escombros de la ciudad casi todas sus tropas
con los elementos de guerra que tenían; suceso del
cual se aprovecha el General Monteverde que, en los
mismos días, invadía á Venezuela, y victorioso se
dirigía á la capital. Cuando á poco se libra la
acción de San Carlos contra las tropas de Monteverde, Jalón, sin recursos, sin tropas, sin elementos que oponer al invasor, cae prisionero de éste
y es encerrado en el Castillo de Puerto Cabello, desde el momento en que esta plaza cayó en poder de
los españoles. Un año más tarde, en ella se en-
cerró también Monteverde, cuando hubo de abandonar á Caracas, al aproximarse Bolívar, después de
la fructífera campaña de 1813.

El primer deseo de Bolívar al llegar á Caracas
fue poner sitio á Puerto Cabello, en lo que anduvo
con tanta fortuna, que hubo de apoderarse de la
población y del mirador de Solano, durante los
primeros tiempos del sitio. Entre los prisioneros que
fueron cogidos, después de tomada esta avanzada
de la fortaleza, figuraba un monstruo de figura humana, cuyo nombre goza todavía de triste celebridad : Zuazola, uno de los feroces tenientes de Monteverde. Llevado á presencia de Bolívar, tiene el
cinismo de proponer á éste que le canjeara por el
Coronel Jalón que estaba preso en el Castillo. Con
rara extrañeza escucha Bolívar semejante proposición hecha por un hombre de tan bajas condiciones como Zuazola; pero ante la desgracia de Jalón,

la necesidad se hacía deber y Bolívar ordena á
su Mayor General Urdaneta entablar la correspondencia con el jefe del Castillo, á fin de obtener la
libertad del Coronel patriota. Con fecha de 3 de Setiembre, Urdaneta remite al General Monteverde
el siguiente oficio:

«A las cuatro de la tarde del día de ayer, ha sido
hecho prisionero, por las tropas de la Unión el
atroz Zuazola, cuyo nombre puede apenas pronun-
ciarse sin horror; este hombre, ó monstruo degolló
innumerables personas de ambos sexos en el pací-
fico pueblo de Aragua, de la Provincia de Barcelona; tuvo la brutal complacencia de cortar las
orejas á varios prisioneros, y remitirlas como un
presente al Jefe de la división de que dependía:
atormentaba del modo más bárbaro á los desgraciados presos que gemían en las mazmorras de La
Guaira; de modo que por todas razones debió ser
pasado por las armas en el acto de su prisión, y
mucho más cuando sus hechos forman una parte de
los motivos que hemos tenido para declarar la
guerra á muerte; pero la humanidad que nos caracteriza mueve al General en Jefe á acceder á la
proposición que acaba de hacerle el referido Zuazola, y es, que sea canjeado por el C. Coronel
Diego Jalón, apesar de la diversidad de graduación,
principios y circunstancias que distinguen incom-
parablemente uno de otro.

«También propone y acepta el General, canje
de cuatro españoles más por otros tantos prisioneros; pues nunca el Jefe de la República retendrá

en prisión á los americanos, como supone Zuazola, cuando aquellos, sean cuales fuesen sus extravíos, son recibidos por nosotros con las demostraciones de amistad y unión que hemos proclamado.

«Se espera la contestación definitiva en el término de tres horas, pasadas las cuales no tendrá lugar el canje propuesto por los prisioneros y admitido por la bondad del Jefe de las armas de la Unión, como advertirá US. por los oficios que incluyo.

«Todo lo que tengo el honor de decir á US. de orden del mismo General en Jefe.

«Cuartel General de Puerto Cabello, 3 de Setiembre de 1813, tercero de la Independencia y primero de la guerra á muerte.

«RAFAEL DE URDANETA, Mayor General.»

" Señor D. Domingo Monteverde, Comandante de las fuerzas españolas de este Puerto."

No se hizo aguardar la contestación de Monteverde que dice :

«El señor Capitán General, cuya humanidad ha sido bien conocida en Venezuela, se halla horrorizado de las crueldades cometidas contra los europeos por D. Simón Bolívar: por tanto se ve en la dura necesidad de valerse de la recíproca, y ha resuelto que por cada uno que en lo sucesivo sea sacrificado ahí, lo hará con dos de los que se hallan en estas prisiones ; y por ningún caso accede á dar á Jalón por Zuazola y sí canjear persona por

persona de igual carácter. Todo lo que de su
orden hago presente á U. en contestación de su
oficio de este día. Dios guarde á U. muchos años.
—Puerto Cabello : *3 de Setiembre de 1813.—Juan
Nepomuceno Quero*, Mayor General.

" *Señor D. Rafael de Urdaneta.*"

A un oficio tan amenazante, Bolívar contestó
por medio de su Mayor General, la siguiente nota:
«Horrorizado el C. General del Ejército Libertador de Venezuela de las perfidias, traiciones, crueldades, robos y toda especie de crímenes cometidos
por Domingo Monteverde, ex–Gobernador de Caracas, ha decretado la guerra á muerte para tomar
en parte la represalia á que el derecho de la guerra lo autoriza, cuando el de gentes ha sido vio-
lado tan escandalosamente. Si el intruso ex–
Gobernador Monteverde está pronto á sacrificar
dos americanos por cada español ó canario, el Libertador de Venezuela está pronto á sacrificar
seis mil españoles y canarios que tiene en su poder por la primer víctima americana. En cuanto á
la desproporción que existe entre el ilustre y bene-
mérito Jalón y el infame asesino Zuazola, á nadie
es desconocida ; y sin duda el mártir de la libertad
C. Diego Jalón preferirá primero perecer en las
aras del despotismo de Monteverde, á ser canjeado
tan vilipendiosamente por un monstruo. Dios guarde á U. muchos años. Cuartel General de Puerto

Cabello, 3 de Setiembre de 1813, tercero de la Independencia y primero de la guerra á muerte.—RA-
FAEL DE URDANETA, Mayor General.

"*Señor Mayor General de las tropas españolas en la Plaza de
Puerto Cabello.*" *

Inmediatamente Bolívar dispone que Zuazola
sea ahorcado, ejecución que tiene efecto á extramu-
ros del poblado y frente al ejército de Monteverde,
quien contestó fusilando cuatro prisioneros patriotas poco conocidos.

Dejemos por un momento al Coronel Jalón su-
friendo su desgracia con la fe del hombre fuerte,
que nuevos sucesos nos aguardan en el puerto de
La Guaira. Figuraban en esta plaza como Comandante de ella el Coronel Leandro Palacios, y como
Comandante segundo jefe de la guerra, el General
José Félix Ribas. Días hacía que por los espías de
la costa, sabíase que el convoy español que había
zarpado de Cádiz, favorecido por los comerciantes de
este Puerto, detenido por vientos contrarios en
aguas de Naiguatá, estaba próximo á llegar, lo que
despertó en Ribas la ambición de hacerse si no de
toda la escuadra, por lo menos de los principales
Jefes; y dando comienzo á su plan mucho antes
de que fueran avistadas las embarcaciones, manda
que la bandera española sea izada en los sitios en
que antes se acostumbraba, y que sus tropas y ofi-

* Estas notas han sido tomadas de la fuente primitiva la «Gaceta de Caracas,»
de 9 de Setiembre de 1813. Número 3.

cialidad vistan uniformes españoles, y á falta de estos llevara cada uno las insignias y escarapelas correspondientes. Al saber que todo estaba listo, forma las tropas y en breve pero enérgica arenga, les participa su resolución de apoderarse de la escuadra española, para lo cual necesitaba de hombres valerosos. En seguida manda el Jefe patriota que traigan á su presencia al ex-Comandante de la plaza y dos ó tres prisioneros más. Cuando el excelente español Don Francisco Mármol y sus compañeros salían de las bóvedas en que estaban, creyeron que había llegado para ellos la última hora, pero al llegar frente al General Ribas, saben que se trataba de representar un sainete, lo que les hizo soñar de nuevo con la libertad y con la vida. Consistía la farsa en que dos ó más de los prisioneros españoles, uniformados, debían recibir á sus compatriotas, como si fueran ellos empleados del puerto, y sin que se trasparentara el verdadero estado de las cosas ; es decir, debían representar la comedia, aunque nunca hubieran asistido al teatro. Enterados del triste papel que iban á desempeñar, y de que un gesto, una mirada de inteligencia, un signo cualquiera, les podía costar la vida, los prisioneros españoles aceptaron el encargo. Por lo demás, el Jefe patriota, hombre astuto y resuelto movió cuantos resortes pudo disponer para que la estratagema no fracasara.

Esto pasaba en los días 11 y 12 de Setiembre, cuando el 13, á medio día se divisa el convoy español, compuesto de una fragata de 40 cañones, una

goleta de guerra y seis embarcaciones de trasporte.
Venía á bordo el regimiento de Navarra, compuesto
de 1.200 soldados, mandados por lucidos oficiales.
Ignorante el Jefe de la escuadra de lo que había
pasado en Caracas, meses antes, se dirije al
puerto, creyéndolo en poder del gobierno español.
Aguardaba, sin embargo, algo que le indicara el
camino que debía tomar.

Viendo Ribas que el Jefe de la escuadra no
envía á tierra ningún oficial, ordena que Don Es-
teban Moloni, su amigo, hombre astuto, insinuante
y resuelto, fuera á bordo de la escuadra, como alto
empleado del puerto, é invitara á venir á tierra á
los Jefes españoles, á nombre del Comandante de
La Guaira, Don Francisco Mármol. Al oír este
nombre, algunos recordaron que habían sido sus
amigos y compañeros y que deseaban verle ; dicho
de que se valió Moloni para enderezarle unas tantas
mentiras á nombre del supuesto Comandante. Aunque Moloni hablaba con buen acento el español,
despertáronse á bordo de la fragata ciertos temores,
que motivaron el que quedaran como rehenes, el
comisionado de Ribas y sus marinos, zarpando
para tierra el alferez Begoña, con el único objeto
de explorar la situación.

Cuando llega éste al muelle es recibido por el ex-
Comandante Mármol y sus ayudantes. ¡Admirable
apego del hombre por la vida, sobre todo aquel que
gime entre cadenas! Mármol, sabiendo que tenía su
cabeza pendiente de un hilo, desempeña su papel con
tal precisión, que lo hubieran envidiado los mejores

aficionados. Con modales muy cultos y con preguntas oportunas entretiene Don Francisco al joven
alferez, quien retorna á la escuadra más satisfecho
que dudoso. Durante el tiempo de esta conferen-
cia amigable aunque falsa, Ribas, mudo, porque al
hablar se hubiera hecho conocer, permaneció cerca
del grupo observando hasta las más insignificantes
contracciones musculares de cada uno de los actores de este sainete que muy pronto iba á conver-
tirse en tragedia.

Apenas llega á bordo de la fragata el alferez
Begoña, cuando se desprenden del convoy dos bo-
tes. En el uno venían Moloni y los marineros de
La Guaira, en el otro el segundo Comandante del
Regimiento de Granada, Coronel Don Ignacio Valle Marimón y diez y seis granaderos, habiendo
quedado á bordo el primero, Coronel Don José
Miguel Salomón. Recibidos en el muelle por Mármol y sus ayudantes, siguen Marimón, Mármol y
General Ribas á la sala de la aduana, quedando en
las calles los soldados españoles.

Al saludarse Marimón y Ribas en la sala de
la aduana, exije éste al español que mande á
desembarcar al Coronel Salomón y á los oficiales,
á lo que se opone aquel, juzgándose víctima
de un engaño. Ya para entonces la escuadra
había anclado en el puerto. Sea que el Coronel
español se apercibiese del silencio de la muchedumbre, de sus miradas inquietas, de la ausencia de
cuerpos de tropa veterana que hiciera los honores
á los nuevos conmilitones, ó finalmente, que en la

pronunciación del castellano, el General Ribas tras-
parentase ser de origen americano, es lo cierto que
Marimón estaba inquieto. Uno ó dos gritos de
—«traición, traición!»—lanzados en la calle de la aduana, en el momento en que los granaderos españoles
se confundían con la gente del pueblo, bastan para
resolver el enigma. A estos gritos siguen ruidos
de alarma, desorden, carreras y tiros de fusil. Un
choque preparado ó casual entre los oficiales de
Ribas y los granaderos peninsulares, de los cuales
murieron diez, motivó la escaramuza en las calles
de La Guaira. Con precipitación deja Ribas la
sala de la aduana, en tanto que Marimón comprendiendo lo que pasaba sale al balcón de la aduana,
sacude en repetidas ocasiones su pañuelo como
en señal á la escuadra y trata de salir, cuando oficiales del Jefe patriota, le detienen. En esto vése á la escuadra que corta sus amarras y huye.
Era el momento en que por orden de Ribas los
cañones de todas las baterías bañaban de fuego los
buques de Salomón, sin causarle daño. Sólo la batería del castillo de la Princesa molestó un poco
una de las embarcaciones. Al instante, Marimón ren-
dido al General Ribas, seguía á una de las bóvedas de la fortaleza acompañado de los compatriotas
que le habían dado la bienvenida en el muelle, llevando á su frente al ex-Comandante Mármol. *

En el «Boletín del Ejército Libertador» número
12, leemos :

* Este relato difiere en muy poco del que figura en la biografía de Ribas por
González. Nosotros tenemos los hechos de testigos que figuraron en el suceso.

«Por fin ha llegado de España una pequeña expedición asalariada por el Consulado de Cádiz, para sostener su pillaje mercantil en Venezuela. El 13 se presentó el convoy en La Guaira, compuesto de una fragata, una goleta de guerra y seis buques mercantes; logramos aprehender al segundo de la expedición, el Capitán de fragata Don Ignacio Valle Marimón, con quince soldados y toda la correspondencia: los buques, después de sufrir un destrozo terrible, picaron los cables, y han podido arribar á Puerto-Cabello, donde existen sin haber intentado el desembarco.

. . . .

«Llegan tropas de todas partes, se presentan voluntarios, se advierte un entusiasmo general, de modo que se ha aumentado considerablemente el ejército, y este ansía por ver presentarse al enemigo para atacarlo y vencerlo como acostumbra; si logramos medir nuestras fuerzas, su destrucción es segura, y la paz de la República de Venezuela será la consecuencia del triunfo.

«Cuartel General de Valencia, 19 de Setiembre de 1813, tercero y primero.—RAFAEL DE URDANETA, Mayor General.» *

Dos días después del suceso de La Guaira, Ribas dirigió desde Maiquetía al Gobernador de Caracas, el siguiente oficio:

«A las ocho del día de mañana tendrá V. S. en seguras prisiones á todos los españoles y cana-

* «Gaceta de Caracas,» de 30 de Setiembre de 1813.

rios que se hallan sueltos, hasta aquellos á quienes yo mismo ó el General Bolívar hayamos dado papel de seguridad, sin exceptuar otros que aquellos pocos amigos conocidos de nuestra causa, y que hayan sido perseguidos con nosotros, los cuales son bien conocidos de V. S. Los demás no sólo serán presos sino asegurados con grillos. Dios guarde á V. S. muchos años.—Maiquetía : 15 de Setiembre de 1813.—Tercero y primero.—JOSÉ FÉLIX RIBAS.»

Desembarcado el regimiento de Granada en el Castillo de Puerto Cabello, comenzó á ponerse en campaña bajo las órdenes de su jefe el Coronel Salomón. Para esta fecha Monteverde, sin prestigio, es la burla de sus compañeros, que le despojan del mando y le echan fuera del Castillo, teniendo que embarcarse para la isla de Curazao, sin mado, sin gloria y acoquinado por la suerte. Sucédele el Coronel Salomón, á quien Bolívar propone nuevo canje de prisioneros españoles por el Coronel republicano Jalón ; pero el español se niega. Necesitaba Salomón ver con sus propios ojos la destrucción completa del bello regimiento de Granada, que poco á poco fue diezmándose por la ignorancia de su jefe, las enfermedades y el cansancio de los diversos encuentros que tuvo con las tropas de Bolívar. Así que lo vió destruido, aceptó Salomón el canje de Jalón por su compañero el Coronel Marimón. En el curso de los días, Salomón sufrió la misma suerte que Monteverde y hubo de abandonar el Castillo.

Vuelto á sus penates, preséntase á Bolívar el Coronel Jalón, con el semblante de los que presienten triste suerte. Parecía un expectro. Después de doce meses de mal trato y vejaciones inauditas, aquella vigorosa naturaleza se sentía decaer física y moralmente. Sinembargo, quiso prestar de nuevo sus servicios á la causa americana, é incorporóse al ejército. Distínguese al lado del Libertador, en Araure, San Mateo, Carabobo, hasta que cae prisionero de Boves, en la desgraciada batalla de «La Puerta» el 12 de Junio de 1814.

Ya habían ahorcado ó fusilado á todos los prisioneros, cuando un edecán, por orden de Boves, se acerca á Jalón y le dice:—«El General le invita á usted á que le acompañe á la mesa.»—Jalón es conducido y se sienta, comprendiendo quizás, con el corazón transido de dolor, todo el sarcasmo de aquella invitación. Durante la comida, Boves le dirije la palabra, sin insultarle, mostrando aquella dulzura del carnicero, que acaricia la oveja que va á sacrificar. Al concluir la comida se pone Boves de pie, síguenle los invitados y entre éstos el Coronel Jalón, cuando Boves, sonriendo, llama á uno de sus tenientes, y con la mayor naturalidad le dice:—«Fusilen á este insurgente.»—Minutos después, yacía tendido por tierra el Coronel Jalón.

¿Qué había sido de Salomón y de Marimón, de Monteverde y de Boves? ¿Qué de Bolívar, de Ribas, de Palacios y del desgraciado Mármol?

Salomón y Marimón habían huido en aquellos días del Terror, después de haber visto desapare-

7

cer el regimiento de Granada. Zuazola había recibido en la horca el castigo de sus hechos, en tanto que Monteverde, que pudo salvarle, tenía que huir del Castillo de Puerto Cabello, lanzado por sus compatriotas que le arrojan á playas extranjeras, llenándole de anatemas y de improperios. Jalón muere con la serenidad del justo, mientras que su implacable vencedor en «La Puerta,» en el extertor de la agonía, se ase de la paja de Urica, ya tostada por los cascos de su caballo, que como el de Atila, quemaban la yerba de los campos. Bolívar había huido del incendio y buscaba descanso en el extranjero, en tanto que Ribas, fugitivo de Urica, es decapitado. Su cabeza fue colocada en una jaula de hierro en el camino de La Guaira. Ya los prisioneros españoles en este puerto, y entre ellos el excelente Mármol, habían sido pasados por las armas, ejecución que presenció el Coronel Palacios, por orden del Libertador.

En el espacio de pocos meses, casi todos los actores que figuran en estos sucesos que dejamos relatados, habían bajado á la tumba. Eran víctimas y victimarios de todos los partidos, que colmaban la profunda fosa de la guerra á muerte, siempre ansiosa de sangre y de cadáveres, sobre los cuales bajaban sin cesar los buitres andinos que dejaban sus nevadas regiones para hartarse de carne humana.

LA SANTA RELIQUIA DE MARACAIBO

El nombre árabe de Gibraltar lo llevan hoy en la superficie de la tierra dos localidades: el Gibraltar europeo, tan celebrado, y el Gibraltar venezolano, pueblo situado en el extremo Sur del lago de Maracaibo.

Para los que conocemos un poco la historia y la geografía antigua del Mediterráneo, el nombre de Gibraltar trae á la memoria los de Calpe y Abyla, esas columnas de Hércules del mundo fenicio, la última Tule por el Oeste de los navegantes antiguos.

Todo en Gibraltar es marcial, desde su nombre, grandiosidad de la naturaleza y tenacidad del hombre. Gibraltar es corrupción del nombre árabe DJE-BEL AL TARIK que equivale á MONTAÑA DE TARIK, nombre este del primer general moro que desembarcó en aquellos lugares en 711. En cuanto á su naturaleza, Gibraltar es un peñón de cuatrocientos metros de altura, baluarte de rocas, aborto titánico, cuando en remotas épocas surgieron las montañas hespéricas que luchando con las de Atlas y los Apeninos formaron la cuenca del Mediterráneo, que después debían conquistar las aguas de Atlante. Desde entonces este pasea sus olas sobre las costas y lame los piés de las montañas, en tanto que las aguas del Mediterráneo, vergonzosas y pesadas, se escapan por debajo y van al Océano, subiendo escalas á manera de salteadores que surgieran de los antros tenebrosos.

Cuando se dice Gibraltar, viene á la memoria no sólo la obra de la naturaleza, sino también la de los hombres, la fortaleza ciclópea erizada de cañones, llena de fosos y de galerías subterráneas, armada á maravilla y custodiada por soldados invisibles.— ¡Santo Dios! qué mónstruo tan dispuesto siempre á vomitar toneladas de metralla sobre los pobres barquichuelos que atraviesan el famoso estrecho! Hace ciento ochenta y tres años que Albión se ha incrustado en el cuerpo de la madre España, y hasta hoy no ha habido poder humano que haya podido sacar de las carnes de la señora esta garrapata, este pólipo, esta escrecencia que ha resistido á todos los cauterios y disolventes más poderosos. Inútil ha sido la diplomacia é inútil será la sorpresa, porque Gibraltar es campo volante, avanzada donde jamás se duermen los centinelas ni se abandona la boca del cañón. El día en que este volcán de metralla extremezca las aguas del Mediterráneo, será el día de la *última ratio rerum*, es decir, Europa victoriosa contra Jhon Bull.

No puede al pronto comprenderse por qué se le puso el nombre de Gibraltar, que implica las ideas de roca, de montaña, de alturas, de escarpados y abismos, á una costa de Maracaibo, baja, anegadiza y cubierta de bosques. Tal contraste tiene que haber obedecido á causa desconocida. Los castellanos bautizaban las más de las regiones americanas por les recuerdos que les despertaban de las provincias españolas. Así llamaron con el nombre de Nueva Andalucía, las bellas regiones bañadas por el Magdalena y el Orinoco, con su cielo azul, su vegetación esplendente, sus noches pobladas de estrellas, que hacían recordar las costas andaluzas bañadas por los tibios rayos del Africa. Los mismos recuerdos tuvieron cuando fundaron á Nueva Cádiz, Nueva Córdoba, Mérida, Trujillo, Nueva Segovia, Valencia, etc., etc. Pero si en la mayoría de los casos, el recuerdo de la patria fue la idea dominante, en el nombre de Gibraltar no entró como actor principal sino la guasa de la soldadesca. Es el caso, refiere la tradición, que cuando el conquistador Gonzalo de Piña Lidueña merodeaba á orillas del lago de Maracaibo por los años de 1594 á 95, en persecución de los indios motilones, hubo de pernoctar, en cierto día, en los lugares donde fue fundada la villa de Gibraltar. Los soldados, sin esperarlo, fueron sorprendidos por un eclipse total de luna que les trajo recuerdos gratos del patrio suelo. Todos se extasiaban en la contemplación del fenómeno, cuando uno de ellos, á quien habían desper-

tado, apareció entre sus compañeros y exclamó :—
«Este lo ví yo en Gibraltar, cuando estuve de guarnición.»—«Cómo!–le interrogaron sus compañeros–
cómo es posible que hayas visto este mismo?»—«Sí,
sí–exclamaba el palurdo–es el mismo, el mismito.»
— La guasa que se apoderó de la soldadesca contra el
ignorante soldado, fue tal, que Piña Lidueña, al fijar
el lugar en que debían establecerse para dominar á
los motilones, le bautizó con el nombre de *San Antonio de Gibraltar*, en memoria de este suceso y de
ser Gibraltar el lugar de su nacimiento.

Posesionados los castellanos de esta localidad
comenzaron á edificar casas y templos, á desmontar
las costas para fundar haciendas de cacao, y á traer
á la villa cuantos recursos podían haberse de Maracaibo y España. Y á tal grado llegó el entusiasmo
de los pobladores, que familias ricas de la nobleza de
Maracaibo juzgaron como meritorio fundar haciendas en Gibraltar, introducir esclavos y pasar en la
nueva localidad algunos meses del año. La compe-
tencia entre las dos villas llegó á su colmo, cuando
hubo de concederse á la de Gibraltar más riqueza y
comodidades que á la de Maracaibo, y más porvenir
por la fertilidad de sus tierras, abundancia de sus
cosechas, y las importaciones que hacía para su comercio con los pueblos andinos.

Figuraba en el primer templo de Gibraltar una
imagen del Crucificado, la cual era venerada por toda
la población. Así corrían los años y con estos la pros-
peridad de la pajiza ciudad, cuando en cierta noche
aparecieron de súbito los indios motilones, quienes

habiendo aparentado retirarse de sus tierras en presencia de los conquistadores, se habían fortalecido á ocultas para caer con toda la saña de que eran capaces sobre la indefensa población. En efecto, armados y resueltos, llegan en gran número y acometen al poblado durante la oscuridad de la noche. A tan inesperado suceso, los moradores de Gibraltar, no tuvieron tiempo sino para huir; llegan unos pocos á las piraguas que estaban ancladas en el puerto, mientras que gran número son sacrificados por los feroces motilones. Estos, victoriosos, ponen fuego al caserío, y concluyen por abandonar las ruinas después de haberse embriagado y cometer todo género de desmanes. Así concluyó la primera Gibraltar en 1600, casi en los mismos días en que su fundador Gonzalo de Piña Lidueña, ascendido por sus méritos á la Gobernación de Caracas, moría súbitamente en esta, después de haberse captado el amor de sus moradores.

Entre los objetos escapados de las llamas estaba el Crucifijo venerado de los gibralteños. Había sido ennegrecido por el humo, como se le ve hoy en Maracaibo. Refiere la tradición que la cruz fue destruida por el fuego, permaneciendo el Cristo en el aire : que los indios le dieron un flechazo en la mejilla izquierda, el cual produjo un tumor, conocido en el vulgo con el nombre de *macana :* que por mucho tiempo se creyó que este tumor crecía y que fue necesario limarlo, en ciertas ocasiones, para que la imagen pudiera salir en la tarde del jueves santo. Agrega la tradición que, cuando los indios vieron al Cristo en el aire, se llenaron de pavor y huyeron, mientras que otros pidieron perdón. Sea de esto lo que se quiera, el historiador Oviedo y Baños, al hablar de Maracaibo, nos dice : « Venérase en la iglesia parroquial una devota imagen de un milagroso Crucifijo, á quien los indios Quiriquires, habiéndose levantado contra los españoles el año de 1600, y saqueado y quemado la ciudad de Gibraltar, en cuya iglesia estaba entonces esta hechura, con sacrílega impiedad hicieron blanco de sus arpones, dándole seis flechazos, cúyas señales se conservan todavía en el santísimo bulto, y es tradición asentada y muy corriente, que teniendo antes esta imagen la cara levantada (por ser de la espiración), como lo comprueba el no tener llaga en el costado, al clavarle una de las flechas que le tiraron sobre la ceja de un ojo, inclinó *la cabeza* sobre el pecho, dejándola en aquella postura hasta el día de hoy.» *

Al abandonar las ruinas de Gibraltar los pocos de sus moradores que sobrevivieron á tanta desgracia, llevaron consigo el Santo Cristo que depositaron en el principal templo de Maracaibo. Pero á poco hubieron de retornar, obligados por la necesidad, con el objeto de levantar á la segunda Gibraltar, que fue reconstruida de una manera tan sólida como duradera. De nuevo apoderóse de los habitantes de esta comarca el espíritu de comercio con los pueblos de la cordillera andina, apareciendo Gibraltar rica, po-

---

* OVIEDO y BAÑOS. Historia de la Conquista y Población de la Provincia de Venezuela.—Madrid 1724. 1 vol. en 4º

blada y sin temores respecto de los indios motilones, que no se atrevieron á sorprenderla. En
posesión de nuevas riquezas y construida la ermita
que iba á servirles de Templo, los gibralteños recla-
man el Santo Cristo á los moradores de Maracaibo,
quienes se niegan á entregarlo. Guardianes de una
efigie que había resistido al fuego y á los instrumentos mortíferos de los indios, se resisten por repetidas ocasiones á la entrega del tesoro piadoso que
se les había encomendado, prefiriendo que se les
hiciera el reclamo por los tribunales, antes de ver salir la santa reliquia, de la cual no poseían ningún título de propiedad.

Enojosa cuestión iba á ventilarse, y, como en
casos semejantes, dos partidos surgieron, reclaman-
do iguales derechos. De un lado aparecían los moradores de Gibraltar, compactos y firmes, acompañados de muchos habitantes de Maracaibo, y del otro,
gran porción del pueblo de esta ciudad. Competen-
cia tan absurda, después de engendrar disgustos
personales, hubo de atravesar el Atlántico, como todas las que se ventilaban en las diversas capitales de
América, en solicitud de una solución real. Según
dice la tradición y asegura un escritor de Maracaibo,
«los señores del Consejo de Indias remitieron la resolución al mismo Cristo, ordenando que la imagen
fuese embarcada cuando soplase el viento hacia Gibraltar, y que el lugar de la costa del lago adonde
llegase el divino Pasajero, *sería el dueño* de tan deseado tesoro.» *

* SANCHEZ. Geografía y breve historia de la Sección Zulia &. &. I vol Caracas 1873.

Después de sentencia tan peregrina, los dos partidos, deseando concluir cuestión tan enojosa, quisieron tomar parte en la ceremonia que iba á efectuarse, y la cual consistió en colocar la Santa reliquia en una embarcación, en medio de las aguas, distante de Maracaibo, y dejarla á la ventura, desde el momento en que soplara el viento hacia Gibraltar. Pero como el resultado final no podía conocerse sino después de hechos repetidos, estableciose que debía hacerse el ensayo en tres ocasiones. Dispúsose que ambos partidos en embarcaciones de todo género formando alas separadas, irían tras de la nao conductora del Santo Cristo, y á distancia. En la primera sesión, después que se inflaron todas las velas de la comitiva, en dirección de Gibraltar, condújose al lugar designado de antamano la nave misteriosa, la cual fue entregada al capricho de las olas. Con gracia surca las aguas y es saludada por los vivas de ambos partidos, cuando de repente se detiene frente á la *Punta del chocolate*, de donde no continúa ni con el viento, ni con el remo. Al siguiente día se celebra la segunda sesión y lo mismo acontece. Cuando al tercer día, todo el mundo aguardaba igual resultado, y colócase al Cristo en un cayuco, los ánimos quedan de pronto sorprendidos por un milagro. El Cristo seguía los impulsos del viento, cuando éste cesa, y el cayuco retrocede al puerto de Maracaibo, saludado por los gritos de ambos partidos. De esta manera tan misteriosa como inesperada, pudo la sociedad de Maracaibo entrar en posesión completa de la Santa reliquia de Gibraltar.

Gibraltar que había perdido su Cristo á poco de

comenzar el siglo décimo séptimo, debía perder su grandeza á fines del mismo siglo. Saqueada fue por el pirata francés El Olonés en 1666 y por el pirata inglés Morgan en 1669.

La primera Gibraltar desapareció bajo el fuego de los motilones; la segunda bajo el saqueo de los filibusteros; la tercera, montón de casas pajizas, sin población, sin riquezas, es una triste reminiscencia de su pasada grandeza. Entre los viejos escombros de piedra y en medio de las espaciosas salas de la nobleza maracaibera, vegetan árboles seculares, mientras que á orillas del lago, graznan las aves acuáticas, y el boa duerme entre las raíces cenagosas de los manglares, al soplo ardiente de temperatura tropical:

Lo que va de ayer á hoy,
Ayer maravilla fuí
Y hoy sombra de mi no soy.

LA LEYENDA DEL MORICHE

Los poetas de todos los tiempos, los viajeros que han visitado las fértiles campiñas de nuestro Continente, así como los pintores que han contemplado el paisaje tropical, están de acuerdo en conceder á la palmera el primer rango entre los diversos tipos del reino de Flora. El árbol de la palma ha sido llamado por donde quiera, *el príncipe del reino vejetal*, simbolizando el triunfo de la fuerza y de la belleza. Tal es su porte, tales sus atractivos, que, si el mundo antiguo hubiera conocido los más esbeltos tipos de esta familia, cuya aparición data del descubrimiento de América, de Africa y Oceanía, el arte escultural se hubiera enriquecido con nuevos modelos que aparecerían hoy en las ruinas de pasadas civilizaciones.

El día en que fue descubierto el nuevo mundo,

la palma apareció en toda su belleza y majestad. Las islas que saludaron á Colón, el Continente que surgió más tarde, el Africa que acabaron de descubrir los portugueses, las costas que escucharon los cantos de Gama, aparecieron á la mirada del hombre europeo, exhornadas de palmas. Saludaron estas á los nuevos conquistadores, como habían saludado á los primeros y los acompañaron hasta las nevadas cimas de los Andes, después de haber descubierto las costas, los oasis, los valles, las altiplanicies y las cimas encendidas del dorso del planeta. Complementado el relieve geográfico, de este apareció la zona de las palmas ciñendo el ecuador terrestre y vistiendo de verde follaje la fecunda zona que al «sol enamorado circunscribe.»

Si fuera posible contemplar desde el espacio semejante anfiteatro de verdura, nada habría más sorprendente que esta zona tórrida bañada por los grandes océanos, y coronada por las inaccesibles nevadas y los volcanes del planeta. En ella figuran todas las alturas, todos los colores, todos los climas, todas las formas, la gerarquía vegetal y geológica, siempre ascendiendo hasta ocultarse bajo las eternas nieves. Ora es el templo, ora es la gruta, ya el pórtico, ya la columna solitaria : acá el bosque, las palmas apiñadas queriendo estrangular la roca secular de los Andes, allá en lontananza, el oasis con sus palmas solitarias á cuyos pies apaga la sed la caravana, y más allá las hoyas de los grandes ríos, las costas y los archipiélagos que hacen horizonte. Seguid y cavad en uno y otro mundo la tierra, penetrad en las cuencas carboníferas, en estas hallaréis las palmas que acompañaron en su cuna, á los continentes y á los archipiélagos en sus tumbas. En las viejas hulleras reposan ya carbonizados y fósiles las palmas del mundo primitivo, cuando el hombre estaba muy lejos de aparecer sobre la costra terrestre.

Hé aquí la palma en el reino vegetal y en las entrañas de los continentes, buscadla ahora en la historia y la hallaréis acompañando al hombre desde sus primeros días. La palma es el primer vegetal que presencia el nacimiento de las primeras familias. Los pueblos bíblicos aparecieron en su cuna coronados de dátiles. Recuerda esta palma á Persia, á Arabia, á Egipto y á las costas del Mediterráneo. Aceptaron los romanos la palma como símbolo y dió esta su nombre á Palmira. No puede hablarse del Lago de Genezaret, de la peregrinación de Jesús y de la entrada de éste á Jerusalem, sin recordar al pueblo que, llevando palmas, saludó al Salvador del mundo. Tamariz llamaron los hebreos á la palma, para recordar así la elegancia, majestad y belleza de aquella mujer del mismo nombre que cautivaba á cuantos la veían; y Jericó fue llamada igualmente la ciudad de las Palmas. El dátil de hoy es bella reminiscencia del de los tiempos bíblicos, cuando la sociedad antigua, desde la hoya del Mediterráneo, comenzó á establecerse y á poblar las regiones de Asia, de Africa, de Europa, y á navegar las costas del mar Indico.

La palma figura en las pagodas del pueblo de Buda, en los archipiélagos asiáticos, cuna de la civilización indostánica. Así, en los más antiguos pueblos de la tierra como en los más modernos, la palma ha presenciado la historia del hombre, desde los pueblos bíblicos hasta la conquista de América, desde los mares de Grecia y de Egipto, de Persia y del Indostán, hasta las columnas de Hércules, desde las costas del Atlántico y del mar Indico, hasta las del dilatado Océano de Balboa.

La palma dátil tiene su patria; á orillas del Mediterráneo; ella es la palma histórica por excelencia. La palma del coco tiene la suya en los archipiélagos asiáticos de donde ha pasado á todas las costas de la zona tórrida. Representa ella los antiguos pueblos del Asia, cuyos descendientes yacen sumidos en la ignorancia. Simboliza la palma moriche la llegada de Colón á las costas de Paria, las bocas del Orinoco, patria de los Guaraunos, el descubrimiento del Continente Americano. No puede comprenderse el oasis en los desiertos de Africa, sin la palma dátil ; no puede admirarse la pagoda del malayo sin el cocotero : no puede recordarse la pampa venezolana sin el moriche. A la sombra del moriche vive el hombre, porque el moriche es pan de vida como la llamaron los primeros misioneros castellanos, y á sus pies está el agua potable, la cabaña, la familia.

Refiere Schomburgk que los indios Macousi, en las regiones del Esequibo, creen que el único

sér racional que sobrevivió á una inundación general, volvió á poblar la tierra cambiando las piedras
en hombres. Este mito, añade Humboldt, fruto
de la brillante imaginación de los Macousi y que
recuerda á Deucalión y Pirra, se reproduce todavía
bajo diferentes formas entre los Tamanacos del
Orinoco.

Debemos la tradición de los Tamanacos, sobre
la formación del mundo, después del diluvio, á un
célebre misionero italiano, el padre Gilii que vivió
mucho tiempo en las regiones del Orinoco. Refiere este misionero que Amalivaca, el padre de
los Tamanacos, es decir, el Creador del género
humano, llegó, en cierto día, sobre una canoa,
en los momentos de la gran inundación que se llama la *edad de las aguas*, cuando las olas del Océano
chocaban en el interior de las tierras, contra las
montañas de la Encaramada. Cuando les preguntó el misionero á los Tamanacos, cómo pudo sobre-
vivir el género humano después de semejante catás-
trofe, los indios le contestaron al instante, que todos los Tamanacos se ahogaron, con la excepción
de un hombre y una mujer que se refugiaron en
la cima de la elevada montaña de Tamacú, cerca
de las orillas del río Asiverú, llamado por los españoles Cuchivero; que desde allí, ambos comenzaron á arrojar, por sobre sus cabezas y hacia atrás,
los frutos de la palma moriche, y que de las se-
millas de ésta salieron los hombres y mujeres que
actualmente pueblan la tierra. Amalivaca, via-
jando en su embarcación grabó las figuras del sol

y de la luna sobre la roca pintada (*Tepu-mercme*) que se encuentra cerca de la Encaramada.

En su viaje al Orinoco, Humboldt vió una gran piedra que le mostraron los indios en las llanuras de Maita, la cual era, según los indígenas, un instrumento de música, el *tambor de Amalivaca.*

La leyenda no queda, empero reducida á esto, según refiere Gilli. Amalivaca tuvo un hermano, *Vochi*, quien le ayudó á dar á la superficie de la tierra su forma actual; y cuentan los tamanacos, que los dos hermanos, en su sistema de perfectibilidad, quisieron desde luego, arreglar el Orinoco de tal manera, que pudiera siempre seguirse el curso de su corriente al descender ó al remontar el río. Por este medio esperaban ahorrar á los hombres el uso del remo, al buscar el origen de las aguas, y dar al Orinoco un doble declive ; idea que no llegaron á realizar, á pesar de su poder regenerador, por lo cual se vieron entonces obligados á renunciar á semejante problema hidráulico.

Amalivaca tenía además dos hijas de decidido gusto por los viajes ; y la tradición refiere, en sentido figurado, que el padre les fracturó las piernas para imposibilitarlas en sus deseos de viajar, y poder de esta manera poblar la tierra de los Tamanacos. *

Después de haber arreglado las cosas en la región anegada del Orinoco, Amalivaca se reembarcó y regresó á la opuesta orilla, al mismo lugar

---

* Gilli.—Saggio de historia americana.

9

de donde había venido. Los indios no habían
visto desde entonces llegar á sus tierras ningún
hombre que les diera noticia de su regenerador,
sino á los misioneros; é imaginándose que la otra
orilla era la Europa, uno de los caciques Tamanacos preguntó inocentemente, al padre Gilli : « Si
había visto por allá al gran Amalivaca, el padre
de los Tamanacos, que había cubierto las rocas de
figuras simbólicas.»

No fue Amalivaca una creación mítica sino
un hombre histórico; el primer civilizador de Venezuela, cuyo nombre se ha conservado en la memoria de millares de generaciones.

« Estas nociones de un gran cataclismo, dice
Humboldt, estos dos entes libertados sobre la
cima de una montaña, que llevan tras sí los frutos de la palma moriche, para poblar de nuevo
el mundo; esta divinidad nacional, *Amalivaca*, que
llega por agua de una tierra lejana, que prescribe
leyes á la naturaleza y obliga á los pueblos á renunciar á sus emigraciones; y estos rasgos diversos de un sistema de creencia tan antiguo, son muy
dignos de fijar nuestra atención. Cuanto se nos refiere en el día, de los Tamanacos y tribus que hablan
lenguas análogas á la tamanaca, lo tienen sin duda de
otros pueblos que han habitado estas mismas regiones antes que ellos. El nombre de Amalivaca
es conocido en un espacio de más de cinco mil
leguas cuadradas, y vuelve á encontrarse como de-
signando al *Padre de los hombres* (nuestro grande
abuelo) hasta entre las naciones Caribes, cuyo

idioma se parece tanto al tamanaco, como el alemán
y el griego, al persa y sánscrito. *Amalivaca* no
es primitivamente el *Grande espíritu* y el *Viejo del
cielo*, ese sér invisible, cuyo culto nace del de la
fuerza de la naturaleza, cuando los pueblos se ele-
van insensiblemente al sentimiento de la unidad;
sino más bien un personaje de los tiempos heroicos,
un hombre extranjero que ha vivido en la tierra de
los Tamanacos y Caribes y grabado rasgos simbóli-
cos en las rocas, para en seguida retornar más allá
del Océano, á países que había antiguamente
habitado. *

Ningún pueblo de la tierra presenta á la imaginación del poeta leyenda tan bella: es la expre-
sión sencilla y pintoresca de un pueblo inculto que
se encontró poseedor del oasis americano, coronado
de palmeras, de majestuosos ríos poblados de selvas
seculares, de dilatada, inmensa pampa, imagen del
Océano.

La palma moriche no sólo recuerda la existencia de un pueblo que desapareció y nos dejó
su nombre y la traza de sus conquistas; sino
también á aquellos misioneros que fundaron en la
pampa venezolana el cristianismo á fuerza de constancia, de amor y sacrificios. ¡Cómo viven en la
memoria de estos pueblos aquellos ministros del
Evangelio! En cada uno, palmeras de diferente porte, al mecer sus penachos á los caprichos del
viento, parecen túmulos de verde follaje sobre ex-

* HUMBOLDT. Viajes al Orinoco.—ROJAS. Estudios indígenas.

tinguidos osarios.   La palma Píritu recuerda á los
padres observantes en la tierra cumanagota, en las
sabanas que bañan los afluentes del Orinoco.   Recuerda la palma Corozo al pueblo Chaima, y á los
padres capuchinos, en las fértiles dehesas de Matu-
rín.   Chaguarama es el nombre de la palmera que
desde las costas cumanesas, cautivó á los misioneros catalanes del Guárico: *Oreodoxa* la llaman los
botánicos, nombre griego que significa *alegría del
monte*.   Temiche llaman los guaraúnos, en el Delta
del Orinoco, á una de sus bellas palmas; nombre
indígena que equivale á *pluma del sol*.   Pero ninguna de ellas, con más historia y atractivos que el
moriche, la palma histórica de cuyo fruto nació
el hombre venezolano; la palma que saludó á las
naos de Colón, abrigó á los misioneros, dió alimento
al conquistador fatigado y agua al herido que, después
del sangriento combate, en los días de la guerra á
muerte, sucumbía al pie de los palmares.

Tu tienes también tus palmas, tierra de Coquibacoa.   Tu pórtico de verdura que saluda al viajero que visita las aguas de tu dilatado lago, está en
«Punta de Palmas,» y son tus cocales florones de
penachos, cinta de esmeralda que circunda tus
costas.

Cuando Amalivaca, el creador de la civilización venezolana, al verificarse el último cataclismo
geológico que levantara el suelo del Orinoco y se
paseó sobre las llanuras dilatadas, para que brotaran
hombres del fruto del moriche, ya el ramal andino de
Itotos guardaba por el Oeste la tierra de Mara,

en tanto que la cuenca de Coquibacoa al llenarse con el agua de sus innúmeros tributarios, se abría paso al mar, después de haberse coronado de palmeras que celebran las glorias de Amalivaca y de su esposa, fundadores de la gran nación caribe-tamanaca.

NO LA HAGAS Y NO LA TEMAS

La época de los filibusteros en la América española, desde 1529 hasta 1717, es una de las páginas inéditas de nuestra historia. Durante un siglo se ha creído en Caracas, que esta ciudad fue saqueada por el corsario Drake, cuando este marino no visitó, en ninguna época, las costas de Venezuela; y á pesar de que, en escritos publicados ahora años, hemos probado esta verdad, y combatido las falsas aseveraciones del historiador Oviedo y Baños, todavía hay quien crea que fue Drake, y no Amyas Preston, el que saqueó á Caracas en 1595.

Son interesantísimos los pormenores de cada una de las invasiones extranjeras á los puertos de Margarita, Guayana, Cumaná, Barcelona, Caracas, Coro y Maracaibo, durante los siglos XVI y XVII. Nada

dicen los españoles acerca de esta materia, — que
tiempo les faltó para defenderse en todas las islas y
costas del continente. Para conocer estas páginas de
la historia antigua, es necesario consultar á los cronistas holandeses, franceses é ingleses, en cuyas obras se
encuentran todos los datos. Es necesario leer á La-
bat, Du Tertre, Charlevoix, Oexmelin, Esquemeling,
etc., etc. El único cronista español que nos ha dado
á conocer las primeras expediciones á la isla de Margarita, es Castellanos, en sus *Elegías de varones ilustres de Indias.* Poco tienen Herrera y Fray Simón,
mientras que Oviedo y Baños no conoció las fuentes
verdaderas de la expedición inglesa de 1595.

El Olonés (L' Olomnais) que equivale en español al natural de Olona, pueblecito (Sables d' Olone),
á orillas del mar de la Vendea, en Francia, fue el so-
brenombre que llevó el célebre filibustero Juan David Nau, nacido por los años de 1630 á 1636. Era
aún muy joven, cuando el deseo de venir á la América española, le hizo abandonar el patrio suelo. Tan
dispuesto se hallaba á la vida de aventuras y de pillaje, que sin perder tiempo, quiso comenzar la carrera
que debía proporcionarle triste celebridad. Después de
entrar en ella como subalterno, y corrido con fortuna,
llegó por sus hechos á ser jefe, hasta que víctima de un
naufragio, en las Costas de Campeche, tuvo la fortuna, diremos, de caer prisionero de los castellanos,
joven aún, pues rayaba en los treinta años. Mal
herido, después de una defensa de muchas horas,
hubo de fingirse por muerto, para lo cual mancha
sus vestidos con sangre y se confunde con los

cadáveres de sus compañeros. Al retirarse los castellanos, David se levanta, sigue al riachuelo vecino donde se baña, y poniéndose los vestidos de uno de los castellanos muertos en la refriega, se introduce en las cercanías de Campeche, y sin darse á conocer, pónese al habla con unos negros de las haciendas limítrofes. Como hablase el español, con astucia y tino pudo seducir á algunos de los esclavos contra sus amos, y les ofrece la libertad, si en una de las canoas de la cercanías, podían tomarle en sitio determinado, y seguir juntos á la isla de La Tortuga, refugio en aquella época de los filibusteros franceses. Realizada que fue esta estratagema, David cumplió su palabra, dió libertad á los esclavos, y comienzo á nuevas aventuras. Implacable era el espíritu de venganza que le animaba contra los castellanos, que quedan sorprendidos al oír de nuevo el nombre de El Olonés á quien tenían por muerto.

En La Tortuga, David tropieza con uno de sus antiguos compañeros, Miguel Vasco, llamado también Miguel el Vascongado, hombre de avería, muy conocido de los castellanos.

El Olonés y el Vascongado, después de haberse asociado de nuevo, convinieron en ser jefes de una nueva expedición, en la cual el primero mandaría á bordo y el segundo en tierra. No habían fijado el rumbo á donde debían ir en pos de botín, de robos y de asesinatos, cuando se lanzan al mar y la fortuna les favorece. Después de reñido combate de tres horas, se apoderan de una embarcación española, de

diez y seis cañones, tripulada por setenta hombres,
que tenía á bordo elementos de guerra, doce mil pesos en plata, y provisiones abundantes. El Olonés
remite la presa á La Tortuga y hace regresar el bar-
co prisionero, que une á la escuadra. Un hecho casual le indica entonces el rumbo seguro que debía
seguir. A bordo de la última presa estaban dos
franceses ex–prisioneros de las autoridades de Maracaibo, donde durante algunos años, uno de ellos
había servido de práctico en la barra del lago. En
posesión de los importantes informes que le diera
este, acerca de la riqueza de Maracaibo y Gibraltar, El Olonés resuelve seguir á ambas ciudades.
Llevaba á bordo un piloto conocedor de la barra, y
esto le bastaba.

     Contento David, con tener un guía hábil, da
las últimas disposiciones á sus compañeros, se hace
á la vela, y llega en el término de la distancia á la
isla de Oruba, donde debía hacerse de algunas vituallas. Como era su objeto llegar á la barra del lago
al amanecer del siguiente día, y permanecer en ella
el menor tiempo posible, leva anclas por la tarde,
navega toda la noche y muy temprano estaba ya
cerca de la sonda y frente á la barra, donde fue visto
por el vigía que con señales avisó al castillo. Cañonazos repetidos, indicaron, muy temprano, á los moradores de Maracaibo, que había enemigos en la barra. Los piratas tropiezan con dos islitas, en una
de las cuales se levantaba un vigía elevado, y en la
otra, que se conocía entonces con el nombre de « Isla
de las Palomas torcaces,» figuraba un fortín. El vi-

gía pudo estar quizá en la isla de Zapara, y el
fortín debió ser la pequeña fortaleza que precedió á
la actual de San Carlos. El nombre de Palomas
torcaces que entonces tenía la isla de San Carlos, lo
debió á la abundancia de estas aves. En el curso de
los siglos, parece que las palomas torcaces han abandonado su primitiva patria por la isla de Toas.

¡Qué escena para los tranquilos moradores de
la capital, cuando se enteran de la fatal noticia que
les indicaba el cañón!

Al instante cunde el pavor por todas partes y
apréstase cada uno á huir y salvar lo que puede
llevar consigo. Salen los unos por agua, en dirección á Gibraltar, salen otros por tierra, y se aprovechan de las bestias de carga que había en la ciudad;
y unos y otros se internan sin darse cuenta de lo
que les aguardaba.

La población de Maracaibo no alcanzaba en
aquella época, 1666, sino á cuatro mil almas
más ó menos, aglomeradas en un recinto muy
diferente del actual. Las aguas del lago llegaban
hasta el convento de los franciscanos, que tenía puer-
tas hacia el mismo, y un castillito insignificante de-
fendía la ciudad por la punta de Arrieta. De manera que durante doscientos veinte y dos años, las
aguas han formado nueva y extensa área de tierra,
donde figuran la actual calle de la Marina y la calle
Ancha.

El filibustero llega á la costa, á un sitio distante
una legua del castillito, donde el Gobernador de
Maracaibo tenía una emboscada. Al desembarcar

las tropas, Miguel el Vascongado se pone á la cabeza de estas, y embiste á la pequeña fortaleza que era de gaviones formados de estacas y de tierra, detrás de los cuales, estaban listos catorce cañones y doscientos cincuenta hombres. Ruda y tenaz fue la pelea por ambas partes; mas como los filibusteros apuntaban mejor que los castellanos, estos fueron diezmados de tal manera, que los invasores pudieron penetrar en las troneras, degollar gran parte de la guarnición y dejar prisionera la restante. *

El Olonés, después de destruir los gaviones y clavar los cañones, sin pérdida de tiempo, sigue á Maracaibo. Cuando los expedicionarios llegan á esta, en pocas horas, se ven frente á una ciudad abandonada. Ni un curioso que viniera á encontrarlos, ni un criminal que acusara á sus jueces, se acerca á la playa: era una ciudad sin habitantes. Al momento los franceses desembarcan y se apoderan del caserío, donde había almacenes repletos de mercancías y cuevas llenas de pipas de vino. Con semejante hallazgo comienza la vida alegre, y comienzan también las correrías por las calles de la ciudad y de los alrededores de esta, tropezando con seres desgraciados que sin medios para huir, se habían quedado á merced de los piratas.

El Vascongado establece su cuartel en la iglesia matriz, se apodera de las principales casas de la plaza y da licencia á sus tropas para que á rienda

___

* Años más tarde, el Obispo Fray Antonio González de Acuña, al visitar estos lugares, mandó levantar en Zapara, nueva y sólida fortaleza, que resistiera á nuevos invasores.

suelta, gozaran del rico botín que habían conquistado.
En seguida visitan y registran los cuatro conventos
que entonces tenía Maracaibo: dos de franciscanos y
neristas, y dos de concepciones y clarisas. Y entre-
tanto que los soldados profanaban los templos y go-
zaban de vida licenciosa, El Olonés, acompañado de
ciento sesenta soldados, registraba los alrededores de
la ciudad, en solicitud de riquezas y de prisioneros,
para regresar á poco con recuas cargadas de mercancías, de dinero, y con veinte prisioneros. Ninguno de
estos se atreve á comprometer á sus compatriotas, é
indicar el rumbo que habían seguido, cuando el ini-
cuo pirata los somete á tormento, y aquellos infeli-
ces tuvieron que confesar que los ricos de Maracaibo habían seguido á Gibraltar.

Diez días más tarde, El Olonés dejaba la capital Maracaibo para seguir á Gibraltar. Cuando los
prisioneros castellanos llegan á bordo de la nave
capitana, revelan á los piratas que Gibraltar estaba
fortificada y toda la población lista á defenderse. «No
importa, añadió el jefe, la captura será mejor.» Después de tres días de navegación, la escuadra anclaba
en el deseado puerto. Los fugitivos habían construi-
do gaviones á lo largo de la costa, tras de los cuales
se habían atrincherado y parapetado, para atacar
sin ser vistos. Habían también levantado un castillejo, á manera de terraplén, donde fue colocada
una batería de seis cañones. Y para oponer al enemigo cuantos obstáculos pudieran, habían derri-
bado grandes árboles con los cuales obstruían los
caminos, que anegados por las lluvias de la estación

y llenos de barrizales peligrosos, contribuían como agentes de destrucción contra los resueltos invasores.

Apesar de todo esto, El Olonés hace desembarcar su gente, acomete con furia la primera línea de defensa y vence á los castellanos, que retroceden y pasan á la segunda, donde se hacen fuertes. Al ver los jefes piratas que sus contrarios se defendían con buen éxito, se valen de conocida estratagema. Y fue el hecho, que simulando derrota, huyen en desorden, lo que estimula á los castellanos á abandonar su ventajosa posición y perseguirlos. Cuando El Olonés ve que no le queda para avanzar sino el camino que los españoles le habían dejado, y en el cual podían marchar seis en fondo, vuelve cara contra aquellos. *Ánimo, hermanos*, les dice. *Es preciso apoderarnos de esa gente ó perecer. Seguidme, y si sucumbo no os desaniméis.* Así les dice y se avalanza con todas sus fuerzas contra los españoles. Cuando están á tiro de pistola del atrincheramiento, se hunden en el lodo hasta las rodillas, apesar de haber aplanado el camino con varas de árboles, incidente que aprovechan los castellanos para disparar sobre los piratas los veinte cañones de la batería. Caen muchos, pero las últimas palabras de los que caían no hacían sino reanimar el valor de los restantes. *Ánimo*, se decían, *No os acobardéis, que nuestra será la victoria.* Y en efecto, después de inauditos esfuerzos, se apoderan del atrincheramiento, y obligan á los castellanos á rendirse, después de haber sucumbido gran número de esclavos. De seiscientos que eran los castellanos, quedaron en el campo cuatrocientos muertos y cien heridos

sucumbió casi toda la oficialidad y entre ésta el
Gobernador de Mérida, gran capitán que había servido en Flandes al Rey católico. Los aventureros
sólo perdieron cien soldados entre muertos y heridos.

Después de tan fructífera victoria, El Olonés y
el Vascongado ponen todo en orden, y piensan en
reunir el deseado botín. Con tal propósito salen par-
tidas por los alrededores de Gibraltar en solicitud del
oro y de la plata que los castellanos habían escondi-
do en los montes, aplican el tormento á los prisioneros que no querían declarar, y aun á los heridos,
que sucumbieron de tan feroz manera.

«Los aventureros se detienen seis semanas en
Gibraltar, continúa el cronista francés, y al ver que
ya no encontraban nada más que saquear, resuelven
retirarse; lo que se habrían visto obligados á hacer
tarde ó temprano, porque principiaban á resentirse
del mar olor que exhalaban la sangre esparcida y los
cuerpos muertos que sólo estaban á medio enterrar;
pues los vencedores no se habían tomado este trabajo sino con los que estaban próximos á ellos; y dejado
á los demás abandonados á las aves y á las moscas.

«Los soldados que no estaban bien curados de
sus heridas, se ven atacados por la fiebre, sus llagas
se abren de nuevo, y muchos mueren repentinamen-
te. Las enfermedades obligaron, pues, al Olonés á
retirarse más pronto de lo que quisiera; pero antes
de su partida, hace saber á los principales prisioneros, que tenían que pagarle rescate por aquel caserío,
ó que lo reduciría á cenizas. Los españoles conferen-
cian sobre el caso, pero inútilmente, porque mientras

que ellos altercaban entre si, El Olonés hace embarcar su gente con todo el botín, después de lo cual vuelve á insistir sobre el rescate.

«Por último, al ver que los españoles no habían resuelto nada, hace pegar fuego al caserío por sus cuatro esquinas, y en menos de seis horas queda consumido. En seguida da á entender á los prisioneros, que si no pagaban cuanto antes el rescate en el lugar á donde iba á conducirlos, tendrían que prepararse á recibir ellos mismos igual trato. El rescate fue pagado.

«En el término de la distancia, El Olonés retornaba á Maracaibo, acompañado de sus prisioneros, á quienes da la orden de traerles quinientas vacas gordas para reabastecer sus barcos. Así lo hicieron prontamente creyéndose libres con esto; pero la cosa fue de otra manera, porque les pidió además el rescate de la ciudad, concediéndoles ocho días para pagarlo, sin lo cual les juró quemarla como había hecho con Gibraltar.

«Mientras que los españoles trataban de reunir el rescate que El Olonés les exigía por la ciudad, los aventureros demolían los templos, embarcaban los ornamentos, cuadros, imágenes, esculturas y campanas, para llevarlo todo á la isla de La Totuga, donde querían construir una capilla. Y no había aún trascurrido el tiempo concedido por el jefe de los piratas para el rescate, cuando este llega : tan intranquilos estaban los castellanos por tener tales huéspedes en sus casas.

«Los aventureros después de recibir el rescate,

sin más que cojer, saquear ó romper, resuelven al fin dejar á Maracaibo. A lospocos días estaban á la isla de La Vaca donde proponen repartirse el botín; pero como no todos estaban de acuerdo, no la llevaron á término sino en la isla de Santo Domingo.» *

«No la hagas y no la temas,» dice una sentencia castellana. El Olonés, después de nuevas aventuras por las costas de la América Central, después de haber saqueado nuevas poblaciones; torturado y sacrificado á centenares de hombres desgraciados, ve que su estrella mengua y que la fortuna le abandona. Son las amistades constantes y serviciales si la fortuna sonríe, é inconstantes y fugitivas cuando sopla el viento de la desgracia. El primero que abandona al Olonés es Miguel el Vascongado, después todos los discípulos del famoso pirata. Cuando le llega la última hora, El Olonés, después de naufragar en las cercanías del golfo de Darien, busca la costa, y cae en manos de indios antropófagos de la isla de Barou.

Alegre se llevan los indios bravos la buena presa que les proporcionaba la suerte. Ni llanto, ni súplicas, ni promesas de ningún género, aplacan el corazón de los indios. Rica es la presa y abundante será el festín. Después de bailar en derredor del Olonés que fue amarrado de un árbol, los antropófagos le sacrifican, dividen en diversas porciones el cuerpo

* OEXMELIN. Histoire des aventuriers filibustiérs etc., etc.—1784. Lyon, 3 vols.

las asan; y lentamente, en medio del entusiasmo, los indios dejan satisfecho su apetito.

El que hizo derramar tantas lágrimas, atormentó tantos hombres y arruinó tantos pueblos, estaba destinado á tener por sepultura, sin cruz y sin flores, los estómagos de los caribes del mar antillano.

LAS FLAGELANTES DE MARACAIBO

De las epidemias morales que, en remotas épocas, han afligido á los hombres, ninguna más alarmante que la conocida en la historia con el nombre de « Los Flagelantes.» Consistía en procesiones numerosas de penitentes, en ocasiones desnudos, en otras vestidos de sayones blancos y cubierta la cabeza de lóbrego capuz. Poseídos del amor divino, creían éstos, que sin dolor y torturas no podía conseguirse el perdón, y por lo tanto, armados de fuertes disciplinas rematadas en sus extremos de puntitas de acero, se infligían sendos azotes, hasta que de la espalda, que llevaban desnuda, brotara sangre.

Como las procesiones habían de ser públicas, la epidemia ganaba prosélitos, á proporción

que atravesaba campos, pueblos y capitales, é
infundía horror al pecado y la necesidad de satisfacer á Dios por medio de penitencia tan escandalosa como repugnante. ¿Cuál fue el origen de
esta perversión del sentido común? Sin duda que
causas superiores tenían que engendrar semejante
monomanía. La intermitencia de la epidemia indicaba su origen también intermitente; y para so-
licitar la causa de estas perversiones del espíritu,
debemos buscarla en las persecuciones de los gobiernos, en las guerras religiosas, en las epidemias
físicas que, llevando á la desesperación á ciertos
hombres, los precipitan á buscar la reacción en nueva
serie de males interminables. Un historiador nos
dice que los primeros penitentes aparecieron durante el siglo XI. En 1260, en los días en que
la sociedad italiana había quedado aniquilada por
las luchas entre güelfos y gibelinos, la reacción religiosa vino como corolario de situación tan precaria.
En 1348, durante la peste que azotó á Alemania,
conocida con el nombre de la *muerte negra*, la
epidemia llegó á su colmo, y hombres y mujeres
aparecieron casi desnudos y confundidos en público,
y se flajelaron á maravilla. Viejos y jóvenes, nobles
y plebeyos fueron víctimas de esta penitencia feroz,
en que todos parecían como poseídos de la necesidad
de desgarrarse las carnes, de verter sangre y de
martirizarse de la manera más cruel que les fuera
posible.

Así figuraron estas procesiones de alucinados,
durante muchos años de la Edad Media y aun

después del descubrimiento de América, las cuales recorrieron la Alemania, el Austria, Italia, Francia, los Países Bajos, España, Suiza y hasta Inglaterra. Censurada por el sentido común, tales muchedumbres fueron igualmente perseguidas por el clero y comunidades católicas, y amenazadas por los gobiernos y los Papas, y hasta por la Inquisición, que las sometió á severos castigos, y hubo de lanzar á la fatídica hoguera á algunos de sus promotores.

Poco á poco fué modificándose la epidemia, hasta el punto que las procesiones salían una vez por año, el viernes santo, en que se repetían las mismas escenas repugnantes que en pasadas épocas, sobre todo, en los primeros treinta años del último siglo.

Un célebre historiador italiano, en el estudio que hace de la epidemia moral, nos dice que los espíritus estaban no sólo dominados por el amor divino, sino también en parte por el terrenal. «Y en prueba de esto, asevera que ciertos flajelantes, bajo las ventanas de sus pretendidas, redoblaban con vigor los azotes en honor de la dama de sus pensamientos, é indicaban con ello que estaban dispuestos á sufrir por ellas. Una mirada á Dios y otra á la angélica niña. Un latigazo para el cielo y otro para la tierra.» *

Tal hecho está en armonía con la razón. El amor terreno, si es puro, exige también el su-

* Adolfo Bártoli.---Estudios Históricos, Roma 1881.

frimiento. «Toma tu cruz y sígueme,» dijo Jesús.
La cruz del matrimonio, para ser fructífera, necesita
del dolor, de la resignación y hasta del sacrificio.

Los disciplinantes actuales, que se mortifican,
ya en el recogimiento del claustro, ya en el hogar,
pero sin hacer gala pública, sin ostentación ni
fanatismo, han contribuido, animados de una esperanza celeste y apoyados por la fe, á desterrar
por completo, hace ya muchos años, las escanda-
losas procesiones de las turbas de monomaniacos que
infestaron la Europa en pasadas épocas.

Fue costumbre en Caracas, desde antiguos
tiempos, sacar en procesión por las calles de la ciudad, la imagen de la Virgencita de Copacabana,
siempre que la sequía tostaba los árboles, agota-
ba las fuentes y era causa de malestar y epidemias. La población llena de fe, acompañaba á la
imagen, y á poco llovía á cántaros. Este culto
á la Virgen indicada, que había comenzado desde los primeros días del siglo décimo séptimo, pudo
conservarse hasta ahora cincuenta años. Demolióse
la antigua Ermita de San Pablo, fundada en 1580, y
la Virgen fue conducida más tarde á la Basílica de
Santa Teresa, donde hoy se conserva.

El culto de los pobladores de Maracaibo por
la Virgen de la Chiquinquirá, llegó á mediados del
último siglo á tal grado, y fue tanta la confianza
que en ella tuvieron los necesitados, que al fin tuvo que ser aquella la abogada de cuantos infortu-
nios afligían á la comunidad. En efecto, al
comenzar el año de 1770, siendo Gobernador de

la provincia Don Alonso del Río, preséntase una
sequía con caracteres tan alarmantes, que las autoridades políticas se hallaron en la necesidad de
tomar enérgicas medidas. Corrían los meses sin
que cayera una gota de agua, se secan los algibes,
comienzan los árboles á agostarse, á morir los animales y á surgir enfermedades debidas al exceso
de elevada temperatura y á la ausencia de vapor
acuoso en el aire.

Entre lamentos y oraciones, lánzanse los moradores de Maracaibo á los templos, al llegar la
tarde, y en ellos lloran y piden á la Providencia, que los salve de tan crudo trance. Y como
en esta capital es de necesidad urgente apelar á
la milagrosa imagen de la Virgen de Chiquinquirá en todos aquellos casos en que haya necesidad de calmar dolores, de satisfacer necesidades,
de vencer con la fe y de esperar en la misericordia
divina, la Virgen fue el áncora de todas las aspiraciones.

Durante las noches en que los templos estuvieron abiertos, oradores sagrados ocuparon la
Cátedra del Espíritu Santo, porque se hacía necesario mitigar la desgracia con la palabra de Dios.
Así se sucedieron los días, y el agua no caía, cuando por orden del Vicario de la ciudad, los sacerdotes anuncian en cierta noche á los fieles, que
había llegado el momento de la mortificación, y
que para calmar la ira del cielo, los pobladores
de Maracaibo debían salir en procesión pública y
públicamente azotarse cada uno, como único medio

que podría ponerse en acción para que cesara la ira del Señor. Los moradores acojen el pensamiento, y al instante los sacerdotes comunican á los habitantes un extracto del acuerdo, del cual tomamos lo siguiente:

«A fin de aplacar la cólera divina, en las críticas y aflictivas circunstancias en que estamos, ordenamos la salida de seis rogativas públicas que se verificarán así: las tres primeras serán de hombres, y saldrán desde el anochecer por todas las calles del poblado, acompañadas de uno de los sacerdotes de Maracaibo; las siguientes, de mujeres, recorrerán las calles más públicas, desde las 9 hasta las 11 de la noche, é irán acompañadas de todos los sacerdotes existentes en la ciudad. Además, como la mortificación de la carne y el castigo de sí mismo, agradan al Señor, tendrán hombres y mujeres que presentarse provistos de gruesas disciplinas, para que se flagelen públicamente las espaldas, además de llevar, los que quieran, cruces y maderos pesados cuya conducción sirva igualmente de mortificación al cuerpo, etc., etc., etc.»

Al enterarse el Gobernador de tal acuerdo, mandó llamar al Vicario y le manifestó la extrañeza que le causaba el que las mujeres hicieran parte de actos públicos que la civilización había reprobado y condenado hacía tantos años.

—Obedezco, señor, á dictados de mi conciencia, y puedo probaros que la iglesia católica tiene autoridad en que apoyarse para tolerar y hasta patrocinar estas saludables procesiones.

—Os suplico, señor—contesta el Gobernador—
que suprimáis la asistencia de mujeres á semejante
acto, que será para ellas causa de corrupción y para
la ciudad un escándalo.

—Obedezco á órdenes superiores, señor Gober-
andor, y no me es lícito separarme de ellas.

A pesar de todo esto, las procesiones comienzan.
Si en la de hombres hubo escenas ridículas é inmora-
les y se oyeron dichos equívocos, pues desde las
ventanas, las mujeres de Maracaibo veían pasar la
procesión y se recreaban en presencia de escenas gro-
tescas, y prestaban los oídos á frases que, cual flechas
lanzadas por hábil cazador, llegaban á su destino; en
la de mujeres, la delicadeza descendió bajo cero,
y las niñas recibieron la primera lección de amor
mundanal.

Cuando concluyeron las procesiones de hombres, el Gobernador Don Alonso de la Riva exhortó
de nuevo al Vicario á que no llevase á remate
atentado tan público contra el pudor de la mujer.
El Vicario se hizo en esta ocasión más sordo que
en la primera, y el mandatario político hubo de
ser testigo obligado del vilipendio inferido á la mujer
venezolana.

En el oficio que aquel dirigió al monarca, leemos:
«Jamás, señor, ciudad alguna de América y de España
presenció actos tan inauditos, tan ofensivos á la dignidad y pudor de la mujer. Cuando presencié las
procesiones de hombres, nada dije; pero cuando ví
que se llevaba á cabo la de mujeres, traté de impe-
dirla con consejos y observaciones, mas todo fue

inútil. Ni por cortesía me comunicaron las autoridades eclesiásticas de Maracaibo tan funesta y repugnante innovación en la historia de un pueblo.»

Cuando Carlos III conoció los pormenores de lo que había pasado en Maracaibo, dicen que exclamó: ¡Santo Dios, la mujer vapulándose públicamente, en las prolongadas horas de la noche y en presencia de los hombres de una ciudad! Y dirigiéndose al Secretario de Ultramar, agrega: «Diga usted al Gobernador de Maracaibo, que sea esta la primera y última vez en que salgan las mujeres en penitencia escandalosa. Que no haya procesión de ninguna especie, sin la licencia concedida por el Obispo, y que cuanto dispongan el Vicario y curas de Maracaibo, tiene que ser sometido al dictamen de su Gobernador. En cuanto á los sacerdotes autores de tamaño escándalo, mando que sean sometidos á juicio, por haber desobedecido las sinodales del Obispado de Caracas, pauta que debía servir en casos semejantes.»

Y en otro oficio al Obispo de Caracas, leemos, entre otras cosas: «Ordena S. M. decir al Obispo de Caracas y de Venezuela, que lo sucedido en Maracaibo respecto de las procesiones públicas de mujeres, no es la religión de Cristo, que nada tiene de escandalosa y de ludibrio.» *

¿Llovió después de las flagelaciones? Lo ignoramos.

---

* Papeles y Reales Cédulas de la Obispalía de Caracas.

EL PRIMER BUQUE DE VAPOR EN LAS COSTAS DE PARIA

Ninguna región tan espléndida en la historia de América, ninguna más digna de recibir en sus costas la primera nave de vapor en los mares antillanos que la célebre de Paria. Uno de los majestuosos ríos del Nuevo Mundo, el Orinoco, al abrirse paso por entre numerosas bocas, vacia sus aguas en el Atlántico, cuyas olas huyen á gran distancia de la costa americana, lejos del hermoso delta coronado de islas y de palmeras, y del dilatado golfo, ya manso, ya temido, desde cuyas costas saludaron los Parias á las carabelas de Colón, en 1497. La brisa embalsamada de los montes, la perla que ocultan los escollos de las islas, los manglares, entre cuyas raíces aéreas, se rompe la ola que lame las orillas; ruinas seculares que nos recuerdan la lucha san-

grienta entre dos razas, y el sepulcro de los primeros
mártires en las costas del Nuevo Mundo; la coli-
na siempre verde, porque la acaricia primavera
eterna; las rocas, los árboles, los ríos, las grutas
y últimamente, los descendientes de aquellos Parias vencidos por la fuerza, hoy vencedores, después de sangrienta lucha: he aquí los factores de
esta sublime región de Paria, en cuyo Golfo, la imaginación de Colón creyó ver el Paraíso terrenal.

La península de Paria limitada al Este por el
golfo del mismo nombre, lo está al Oeste por el
de Cariaco, cuna y tumba de los primeros misioneros cristianos sacrificados por la humana codicia.
En toda la costa, entre uno y otro golfo, están los
sitios de Maracapana, Cariaco, Cumaná, Río Caribe,
Carúpano, Guiria y otros más, todos célebres en los
días de la conquista castellana, más célebres aún
cuando la guerra á muerte hizo de cada hombre
un centauro y de cada roca 'un baluarte. Hermosas islas descubiertas por Colón, coronan la costa Norte, en tanto que la isla inglesa de Trinidad
cierra el golfo de Paria por el Este. Al Sur está
el pintoresco Delta, después, Orinoco, con sus numerosos tributarios, y la tierra que se prolonga hacia
el austro. Ya hemos dicho en otro escrito, que Paria
es el pórtico oriental del Nuevo Mundo.

Desde el cabo Galera, hoy Galeote, al Sur-
este de la graciosa Trinidad, contempló Colón el
dilatado Delta del Orinoco, en la mañana del 31 de
julio de 1498. El 2 de agosto siguen sus carabelas á la punta del Arenal, hoy Icacos, hacia el

Sudoeste, donde anclan. Al instante puede conocer á los moradores de la comarca, que, en grande
canoa, se adelantan á contemplar las carabelas: eran
esbeltos, simpáticos, más blancos que cuantos
indios se habían conocido hasta entonces, y de ade-
manes cultos y graciosos. Cargaban escudos, y
en la cabeza pañuelos de algodón tejidos á labo-
res, por lo que juzgó Colón que eran más civiliza-
dos que los indios de las Antillas. Manda el almirante á los marinos castellanos que danzen al son
de la música; pero los parias tomando esto por
comienzo de hostilidades, retroceden á la costa,
después de lanzar sobre las carabelas abundantes
flechas: eran dos civilizaciones que al acercarse, no
podían de pronto comprenderse.

Tranquilo estaba Colón en su carabela, cuando
durante la noche del 2 de agosto escúchase hacia
el austro ruido espantoso. El almirante sube á cubierta y ve elevada montaña de agua que se precipita sobre el bajel. Por instantes, la embarcación
temblorosa queda suspendida sobre la espantosa
ola, y Colón se cree perdido: pero al momento
todo vuelve á la calma: era la corriente impe-
tuosa de uno de los caños del Delta que buscaba
salida por la boca situada al Sur del golfo. Esta impresión de un peligro inesperado, así como
las contorsiones del agua, entre numerosos arrecifes,
dió motivo para que Colón diera á aquel estrecho
el nombre de *Boca de la Sierpe*.

Al nacer la aurora del 3, y favorecido por la
brisa, sigue Colón hacia el Oeste, donde aparece

á sus miradas mar tranquilo de agua dulce, con sus bellas costas exhornadas de palmas: era el célebre Golfo de Paria que saludaba al hombre europeo. Desde aquel momento estudia Colón la topografía de la localidad, da nombre á los cabos, á las islas y á las puntas, descubre la salida al Norte del golfo, y hace que uno de sus tenientes acompañado de tropas, tome posesión de aquella tierra, en el puerto de Macuro, cerca de Irapa. * Armados de penachos, los indios parios de las costas occidentales del golfo, salen en canoas y se dirijen hacia la carabela de Colón. Cojidos por sorpresa algunos de ellos y conducidos á presencia del almirante, éste los agasaja y después de adquirir noticias de la localidad, deja cuatro á bordo y despide á los restantes: acababan de entenderse las dos civilizaciones que momentos antes no habían podido avenirse. A poco comienzan los obsequios por ambas partes. Regálalos el almirante, y son por los caciques de Paria, festejados los marineros, después de saborear los frutos y vinos de la costa de Irapa. Obséquianles igualmente las mujeres parias con graciosas sartas de perlas procedentes de la isla de Cubagua. Colón, en presencia de las bellezas de aquella costa, la bautizó con el nombre de *Los Jardines.*

Después de dar nombre á muchos sitios y de contemplar los manglares de Paria con sus raíces

---

* Lamartine, en su « Vida de Colón,» asegura que este durmió una noche en la costa de Paria, al abrigo de una tienda de campaña. Esta es una mentira hija de la inspiración de este gran poeta. Mal podia Colón, enfermizo como estaba, dejar las comodidades de que gozaba á bordo, por dormir en una playa húmeda y poblada de hombres desconocidos. Colón no pisó jamás el Continente.

aéreas, entre las cuales se crían perlas, las carabelas siguen al Norte del golfo buscando la salida. Al presenciar el choque de la corriente contra los arrecifes, el almirante duda si debe seguir; pero marino experto, lánzase resuelto; mas de repente cesa el viento. Ya van las carabelas á precipitarse sobre los escollos, cuando la corriente de agua dulce que viene del Oeste, las levanta y las conduce victoriosas al mar Caribe. El temor que le infundiera tan inesperado peligro, causa fué de que bautizara el estrecho, al Norte del golfo, con el nombre de *Boca del Dragón*. Se había salvado de Sibdis para vencer á Caribdis.

Al llegar á la mar libre, Colón tropieza con las diversas islas que coronan la costa oriental de Venezuela. Detiénese en la de Cubagua, se pone al habla con los indios. Regálales platos de Valencia, y las mujeres agradecidas, obsequian á los marineros con abundantes sartas del aljófar que llevaban al cuello. Colón acababa de descubrir la existencia de la perla en las costas de Cubagua y de otra isla á la cual le puso el justo nombre de Margarita. He aquí el punto de partida de los más horrorosos crímenes y de la más escandalosa irrupción de aventureros que iban á surgir en los primeros años de la conquista castellana.

Y dejando aquellas islas y la dilatada costa de la península de Paria, comienzo de la porción Sur del continente americano, parte Colón para no volverlas á ver más.

Vieron los parias partir las carabelas que pronto debían retornar á aquellas regiones con hombres feroces, los cuales debían exterminar una gran porción de la raza índica, incendiar los poblados, talar los campos y dejar como recuerdo de victoria, el suelo empapado en sangre y sembrado de cadáveres.

Pero de aquel montón de ruinas debía surgir el cisne de la fábula. El paria que no había conocido por embarcaciones sino el cayuco y la curiara, llegó á contemplar la carabela que le anunciaba el progreso de la náutica. Años más tarde, conoce la goleta y tras esta el bergantín. A poco, aparece en los mares de Paria el navío y tras este la fragata. Asiste el indio á la lucha del castellano contra filibusteros franceses, ingleses, holandeses, feroces buitres que se disputan la presa americana. Contempla el indio á sus antiguos perseguidores en la defensa del suelo americano, y tórnase el odio en admiración. Así continúan los parias, y con estos sus hermanos los chaimas, cumanagotos y guayqueríes, hasta el día en que de las mismas cenizas de razas mezcladas debía renacer, por segunda vez, el cisne de la fábula. Cuando llega esta época, ármanse todos ellos en defensa del patrio suelo, y á los clarines bélicos de Margarita, de Cumaná, de toda la región de Paria, asisten á la pelea, vencen, luchan, mueren y renacen para asistir de nuevo á la lid. Presencian las carnicerías de la guerra á muerte, afílianse en los batallones de Mariño, Bermúdez, Gómez y Arismendi, é impasibles ven llegar la bella escuadra de Morillo, para ser á poco testigos del incendio del navío «San Pedro,» en las aguas de Coche. Habían luchado contra la naturaleza y contra los hombres, y nada les había arredrado, porque ignoraban el progreso de la ciencia y no habían conocido los prodigios de la náutica; es á saber, el monstruo marino, la máquina que rueda sobre las olas embravecidas, y deja tras sí blanca cabellera de espuma, y avanza y se aleja, ó se acerca, brama, ronca, muje, silba, lanza á los aires sus bocanadas de humo, tachonadas de chispas, y celebra ella misma sus triunfos sobre el salado elemento. Lo que habían hecho sus antepasados, hacía tres siglos, huir delante de la carabela de Colón, debían hacerlo sus descendientes en presencia de la obra de Fulton, cuando por la primera vez visitó esta las costas de la América del Sur. En una y otra época eran dos civilizaciones que de pronto no podían comprenderse.

Eran los días en que Bolívar, después de prolongados años de sacrificios y de desventuras por la emancipación de Venezuela, alcanzaba triunfos brillantes en las pampas del Apure y el Arauca. En este entonces, fines de 1818, llega á las costas de la isla inglesa de Trinidad, frente al golfo de Paria, el primer bote de vapor que iba á recibir los saludos del continente americano, en las costas orientales de Venezuela. El primer ensayo de Fulton en las costas de la América española, no podía efectuarse sino en el Delta del Orinoco, en el célebre golfo que vió zozobrar la carabela de Colón, y donde tierras y aguas, y pampas y cordilleras, soles y estrellas, cantaron hosanna al descubridor del Nuevo Mundo

El gobierno revolucionario de Angostura se ofreció á secundar esta primera empresa de comunica-

ción rápida entre el Orinoco y las costas de la Trinidad; empresa que por el pronto sólo exigía veinte
novillos gordos y baratos, como carga, y el combus-
tible necesario para alimento de la máquina. El bote
caminaba 6½ millas por hora, salvando en tres la
distancia que antes exigía nueve; suceso que hubo
de llamar la atención de toda la comarca. Refiérese
á esta época el hecho de que cuando el Gobernador de la Trinidad señor Wooffor, paseaba en el
bote-vapor las aguas de Paria, y salía de Río Caribe
una goleta con pasajeros que iban á la vecina isla,
los tripulantes al encontrarse con el *mónstruo flotan-
te*, como llamaron los guayqueríes y parias al bote,
y ver las ruedas que cortaban las olas, y la chimenea
de la cual salían en confusión espesas bocanadas de
humo, gritan, se desesperan, claman misericordia.
Los unos acuden en su dolor, á la Virgen de su devoción, otros á los penates protectores de los marinos; y creyéndose perdidos, se lanzan al agua, y con
rapidez, á nado, ganan la costa, no dejando á bordo
sino á un pobre cojo que, por no poder huir, se
resigna á ser víctima del *mónstruo marino*. * El gobernador Wooffor, testigo de suceso tan imprevisto,
viendo abandonada la goleta, la hace remolcar por el
bote y la conduce á la casa consignataria en Trinidad.
Refería el cojo, que, cuando la tripulación de la goleta
vió de cerca el monstruo, fue tanto el pavor que este
infundiera que, él mismo, olvidándose de su cojera,
iba á lanzarse al agua, cuando cayó y no pudo levan-

---

* La noticia de este suceso corre inserta en el Correo del Orinoco, Angostura
1818—1819.

tarse: tal fue la impresión que entre los descendientes de los primitivos Parias produjera el primer bote de vapor en las costas de la América del Sur.

En 1822 los señores Alfredo Seton y Juan Bautista Dallacosta, de Angostura (Ciudad Bolívar), solicitan privilegio del Poder Ejecutivo de Colombia, por ocho años, para navegar en aguas del Orinoco, en un bote de vapor. El Gobierno, no encontrándose con autoridad suficiente para firmar el contrato, manifestó á los interesados, que la concesión del privilegio competía solamente al Congreso de la República.

En 1823 el Coronel James Hamilton obtiene del Congreso de Colombia el privilegio de navegar el Orinoco y otros ríos, por buques de vapor, á cuyo efecto se comprometía á pagar la suma de veinte mil pesos, si al cumplirse el plazo de un año no había dado comienzo á los trabajos. Llegado el plazo fijado, el Ejecutivo de Colombia quiso cobrar la multa á Hamilton, por no haber llenado los requisitos del contrato; pero el contratista probó lo contrario, que había dado cima al proyecto antes de vencerse la fecha fijada.

A fin de cuentas, el 29 de enero de 1829, á las 10 de la noche, llega á Angostura el primer buque de vapor que saludaba de antemano á la ciudad histórica que debía tener y tiene el nombre glorioso de Ciudad Bolívar. Este primer vapor llamado *Venezuela*, su capitán E. A. Turpin, fue propiedad del Coronel Hamilton.

Doce años más tarde, en 30 de noviembre de

1841, anclaba en aguas de La Guaira, el *Flamer*, primer paquete de vapor que abría el tráfico entre Europa y los países de la América del Sur.

Ninguna región más célebre y meritoria para saludar la ciencia de Fulton que aquella de Paria, donde está el célebre golfo que saludó á Colón, la primera tierra que contemplaron sus miradas en 1498, y donde tres siglos más tarde, creó Bolívar la primera Asamblea de Colombia. La ciencia de Fulton saludó á Colón en las aguas de Paria en 1818: seis años más tarde, la primera idea de una locomotora al través de los Andes, debía surgir en el espíritu de Stephenson, en presencia del pico de Naiguatá, y en la cuna de Bolívar, en los días en que el triunfo de Ayacucho coronaba la libertad del continente, 1824. Así, los grandes sucesos en el mundo político, coinciden con los fecundos descubrimientos del mundo científico. Bolívar, Fulton y Stephenson no podían ser sino contemporáneos. Sí; á proporción que los pueblos se emancipan, el espíritu de la ciencia viene al encuentro de las nuevas nacionalidades, como para probar que la libertad del hombre y la luz de la ciencia son emanaciones de Dios.

PEOR QUE EL OLONÉS ES EL INGLÉS

Cuando visitamos, ahora treinta y cinco años, á Maracaibo, nos llamó la atención un refrán vulgar que dice:—«Paga un inglés la que hace un francés»—refrán que nos pareció inexacto, pues hasta hoy, que digamos, el inglés no ha sido responsable de lo que hagan las demás naciones. Los maracaiberos de entonces ignoraban quizás, que á fines del último siglo, durante muchos años, se repitió otro refrán que decía todo lo contrario, y es el que encabeza este cuadro: *Peor que el olonés es el inglés*, con lo que quisieron significar que tan malo es uno como otro, cuando llega el caso. El Olonés había saqueado y destruido á Maracaibo y Gibraltar, en 1666, y años más tarde, en 1669, el inglés le supeditó, y dió origen al extinguido refrán: *Peor que el olonés es el inglés.*

El joven inglés Enrique Morgan, nacido en la misma época que David Nau (El Olonés), se había dado á conocer, desde los primeros años de su juventud, por cierta afición al filibusterismo, la que debía elevarlo á la condición de pirata, terror de los castellanos. Protegido de un viejo corsario, Morgan ascendió muy pronto á mandar una ó más embarcaciones, y llegó á triunfar con ventaja en las costas de Cuba y de la América Central, y con menos fortuna en las de la Española.

El saqueo de Maracaibo y Gibraltar por El Olonés, en 1666, debía traer más tarde, 1669, el de las mismas ciudades por el famoso filibustero Morgan; y de aquella expedición tan fructífera, debía salir el marino piloto que aconsejara al nuevo invasor. Pedro de Picard, espíritu brioso, que había acompañado á Nau, aconsejó á Morgan, después de la rota que éste tuvo en las costas de la Española, á que siguiera al Continente y tomase á Maracaibo, lugar rico y poblado que le proporcionaría abundante botín. Con piloto tan expontáneo, el inglés, sin vacilar, acepta la indicación, que pone en práctica, y sigue con su flota compuesta de ocho naves tripuladas por 500 hombres, á la isla de Aruba, con objeto de hacerse de vituallas.

Horas más tarde, estaba á la vista de la isla de Zapara, donde figuraba el fuerte llamado de la Barra, que había sido reconstruido, después de las desgracias de 1666. Consistía el tal fuerte en un reducto pequeño, con sótanos llenos de pertrechos, á los cuales se llegaba por medio de escaleras de hierro. Los cañones de este vigía fueron los que alertaron á los pobladores de la ciudad. Los filibusteros, después de pasar tres días en aguas de la Barra, y de destruir el vigía, ya evacuado por las tropas españolas, siguen á Maracaibo. La ciudad había sido abandonada, y aunque los piratas se presentaron en son de guerra, hubieron de cesar en sus hostilidades, al anclar á poca distancia de un castillejo guarnecido de cuatro cañones, que figuraba en aquella época cerca de la punta de Arrieta.

Morgan dispone que cien hombres desembarquen y registren la pequeña ciudad. Los primeros moradores con quienes tropiezan, son enfermos del hospital y esclavos inútiles; pero más adelante encuentran fugitivos, á la cabeza de gran número de bagajes. Sometidos los primeros prisioneros á tormento, declaran el camino que habían seguido las recuas cargadas de riquezas, las cuales caen en poder del pirata. Como corolario de este botín, es ahorcado uno de los guías que trataba de escaparse.

Aquí comienza el drama sangriento, á cuya cabeza figura Morgan. Asistamos á estas diversas escenas de contrastes entre el bien y el mal.

Dos esclavos que venían á Maracaibo en solicitud de comestibles para las familias que estaban ocultas en los montes, son cojidos, y como nada quieren revelar de cuanto se les pregunta, ordena Morgan que sean sometidos á tormento. ¡Qué sublime escena! Uno de los esclavos sufre los más agudos dolores, con admirable abnegación, y espira.

Los ingleses descuartizan el cadáver, y someten
á tormento al segundo esclavo; pero cuando, después de heroico estoicismo, se le creía triunfante,
flaquea de ánimo y delata al amo que fue capturado
y hubo de entregar treinta mil escudos en vajillas
de plata. Así, el tormento aplicado á todos los prisioneros y aun á aquellos que no tenían bienes de
fortuna, proporcionó dinero y noticias acerca del
rumbo que había tomado la población.

Ocho días más tarde, la flota inglesa cargada
de prisioneros y de riquezas, era conducida por el
capitán Picard á las costas de Gibraltar, donde los
castellanos, en son de guerra, aguardaban á los filibusteros; mas inutilmente, porque Picard conocedor
del terreno, en lugar de arremeter á los castellanos
en sus atrincheramientos, desembarca con su gente
en la costa libre, con el objeto de atacar á los si-
tiados por la espalda, plan que le produjo admirables resultados. *

Continuemos con las escenas horribles del
drama sangriento. El primer prisionero que cae en
poder de los ingleses es un hombre, al parecer aco-
modado, á quien someten á interminable serie de
preguntas, las cuales evade de una manera graciosa. Creían los ingleses que aquel buen hombre
evadía las preguntas con el objeto de escaparse y
lo someten á tormento, le suspenden y le amarran
piedras pesadas en los piés. Durante dos horas, el
infeliz, en medio de horribles sufrimientos, dice

* Oexmelin. Obra citada

llamarse Juan Sánchez, y ser hermano del gobernador de Maracaibo que poseía cuantiosas riquezas,
y les ofrecía carta para su hermano. Entonces
átanle los brazos y le conducen á Gibraltar. Cerca
ya del poblado, el prisionero dice á sus verdugos:
—«Yo soy un mendigo que vivo de la limosma pública y duermo en el hospital.»—Encolerizados los
filibusteros, ya quieren ahorcarle, ya quemarle,
para lo cual preparan la hoguera, cuando, entre
aquellos salteadores, hay uno que clama por la
desgracia: el buen hombre estaba demente.

A poco un anciano es ahorcado en presencia
de sus hijas; y un esclavo, para vengarse del mal-
trato que le habían dado los castellanos, revela el
paradero de muchas familias. Morgan le ofrece
entonces la libertad y le arma para que sacrificara
á cuantos castellanos hubiera á las manos. Otro
anciano de origen portugués, á quien un esclavo
acusa de poseer riquezas, es sometido á tormento.
Como declarase que nada tenía, manda Morgan
que le amarren por pies y manos á los cuatro
rincones de una sala, y que se le ponga sobre el
dorso enorme piedra de quinientas libras de peso.
Cuatro hombres golpeaban sobre las cuerdas que
sostenían el cuerpo de aquel mártir, para que así
sufriera más. Colocan en seguida una fogata que le
ahumase el rostro y le abandonan, en tanto que á su
compañero se le suspendía de una manera todavía
más atroz.... Cuando llegan á Gibraltar, que toman
sin esfuerzo, el portugués es atado á un pilar del
templo y allí le tienen durante ocho días, sin comer

ni beber, al cabo de los cuales, el pobre hombre confiesa que poseía mil escudos que tenía enterrados, los cuales entregó.

Tras este desgraciado, es interrogado un prisionero de tipo respetable, acusado de poseer fortuna, por un antiguo esclavo que le guardaba rencor. Niega el prisionero la calumnia del esclavo, y es por lo tanto sometido á tormento. Sufría aquel hombre su martirio en silencio y con entereza, cuando los prisioneros castellanos indignados de semejante hecho y rechazando tamaña injusticia, manifiestan á Morgan que aquel compatriota no tenía bienes de fortuna, y que era víctima de algún resentimiento del esclavo delator. El jefe de los piratas aparece entonces como recto juez, manda suspender el tormento, y pide permiso al castellano para hacer del esclavo lo que el amo quisiera. El castellano renuncia ser juez y parte, y Morgan para satisfacerle, hace descuartizar al victimario en presencia de la víctima.

Después de quince días de pillaje por los campos y haciendas de Gibraltar, Morgan llega á esta cargado de riquezas y de prisioneros. A poco se le unen las cuatro embarcaciones igualmente repletas de familias y de tesoros que habían sido capturadas en la desembocadura del río Zulia. Durante cinco semanas de merodeo, Morgan exige el rescate á los moradores de Gibraltar, y parte.

A su arribo á las costas de Maracaibo, el inglés sabe que en la Barra estaba anclada una escuadra española, la que enviaba el monarca á estos lugares,

14

después de reiteradas súplicas de diversas ciudades, tanto de las Antillas como del continente, que pedían un auxilio eficaz contra los repetidos ataques de los filibusteros. En efecto, era la que mandaba el contra-almirante Don Alonso del Campo y Espinosa, compuesta de tres naves de guerra: «La Magdalena,» de 38 cañones, con tripulación de 350 hombres, el «San Luis,» de 26 cañones y 300 hombres, y «La Marquesa,» de 14 cañones y 150 hombres; total, 78 cañones y 700 marinos que aspiraban á vencer á Morgan.

Quería el jefe de los filibusteros cerciorarse de la verdad, y con tal objeto despacha á la Barra una de sus embarcaciones para que observara lo que allí había, la que regresó confirmando en todas sus partes la noticia. Morgan reune entonces sus oficiales y les pide consejo, acerca del plan que debía seguir en tan críticas circunstancias: comisiona en seguida á dos de los prisioneros españoles para que siguieran á la Barra y notificasen á Don Alonso la resolución del Consejo de oficiales, es á saber:—«Si la ciudad no paga los veinte mil escudos que debe por su rescate, será quemada; y serán pasados por las armas todos los prisioneros, sin que la escuadra que está en aguas de la Barra, pueda impedirlo.»—Fue tal el terror que infundiera esta amenaza entre los prisioneros, donde sobresalían hombres notables, que estos pidieron á los comisionados que intercediesen cerca del Contra-almirante, para que dejara pasar á los filibusteros, pues de lo contrario, los moradores de Maracaibo iban á ser víctimas del fuego y de la horca. — A la fanfarria del inglés, contestó el Contra-almirante con la siguiente baladronada española:

«Sabedores por nuestros aliados y vecinos, de que vosotros habéis tenido el atrevimiento, á pesar de la paz y buena amistad que se conserva entre el Rey de Inglaterra y Su Magestad Católica el Rey de España, mi Señor, de entrar en el lago de Maracaibo, con el único objeto de hostilizar y pillar sus súbditos, é imponerles rescate; he creído que era de mi deber, llegar lo más pronto posible para remediar estos males. Por tales razones, me he apoderado del reducto que está á la entrada del lago, destruido por vosotros, después de haber sido abandonado por hombres tan cobardes como afeminados. Lo he puesto en estado de defensa, y pretendo, con los navíos de mi escuadra, haceros entrar en razón y castigar vuestra temeridad. No obstante, si queréis devolver lo que habéis robado, el oro, la plata, las joyas, los prisioneros y esclavos, así como las mercancías, os dejaré pasar para que retornéis á vuestra patria. Ahora, si rehusáis la vida que os concedo y que no debía hacerlo, llegaré á cojeros, á pesar de todo, y os pasaré por las armas. He aquí mi última resolución, reflexionad acerca de lo que debéis hacer y no molestéis mi paciencia, al abusar de mi bondad, pues tengo valientes compañeros que no aspiran sino á vengar las crueldades que habéis inferido diaria é injustamente á la nación española.»

D. ALONSO DEL CAMPO Y ESPINOSA.

Navío «La Magdalena,» anclado en la embocadura de la Barra del Lago de Maracaibo, 24 de abril de 1669.

Don Alonso, al entregar esta misiva á los comisionados, les encargó que dijeran á Morgan, que la moneda con la cual sería pagado el rescate que reclamaba, no consistía sino en balas de cañón, y que dentro de poco, vendría él en persona á saldar la cuenta.

Morgan reune su oficialidad al instante, y les lee en francés y en inglés la misiva de Don Alonso, y todos, despreciando las bravatas del jefe castellano, resuelven que se luche hasta el exterminio, antes de devolver las riquezas adquiridas. Y ya por ganar tiempo, ó por tantear fortuna, despacha uno de los prisioneros con las siguientes proposiciones: 1ª Que dejaría á Maracaibo, sin las exigencias pedidas, y devolvería los prisioneros y la mitad de los esclavos. 2ª Que aunque no había sido pagado el rescate de Gibraltar, serían devueltos los rehenes sin rescate, ni para los prisioneros ni para la villa.»

Rechazada por Don Alonso la lectura de proposición tan ventajosa para los intereses generales, Morgan resuelve aventurarlo todo, á pesar de que los castellanos tenían una escuadra superior á la inglesa, y admirables ventajas topográficas. Morgan pone toda su gente en movimiento, y, después de algunos días, aparece el navío español tomado en la desembocadura del Zulia, transformado en brulote. Para que el ardid proporcionara el resultado esperado, el inglés había hecho construir á la lijera, cañones de madera, y colocar bastones rematados de gorras marinas, que simulaban compacta tripulación. Cuando todo estuvo concluido, es izado el pabellón almi-

rante y la escuadra deja las costas de Maracaibo.
Adelante surcaba las aguas la nao capitana, erguida
con el pabellón inglés y cargada de soldados y cañones de madera.

Morgan llega al canal y se coloca frente á frente
de la escuadra castellana la cual aparacía gigante
comparada con la de los filibusteros que simulaba
un convoy de pescadores. Cuando están á tiro de
fusil, avanza el brulote de Morgan, sobre la Capitana de los españoles, que la aguarda sin disparar un
cañonazo. El brulote se acerca más y más; cuando
Don Alonso le acomete, le apresa, y ordena que
le corten los mástiles. Llénase al instante de soldados españoles, y cuando Morgan crée que ha llegado
el momento, pone fuego al brulote. Al acto llama-
radas en torbellino se levantan de las dos capitanas
rivales, sin dar tiempo á Don Alonso, sino para
lanzarse á la primera canoa con que tropieza, y la
cual le conduce á tierra. En este momento avanzan
los filibusteros sobre los buques castellanos que que-
daban, toman uno al abordaje, mientras que otro,
libre de su amarras, es arrastrado por la corriente
que lo precipita sobre el puerto, donde es consumido
por las llamas antes de recibir auxilios.

Tras este triunfo, los piratas efectúan un desembarco, para hacerse dueños del castillo, empresa difícil, pues carecían de escaleras: por lo tanto
fueron violentamente rechazados, después de perder
treinta soldados y de tener muchos heridos fuera de
combate, lo que motivó el regreso de Morgan á la
costa de Maracaibo, después de dejar uno de sus

buques en observación de Don Alonso que unido
á los náufragos escapados del incendio, se hizo fuerte en el castillo.

Morgan victorioso, pide á la ciudad de Maracaibo el valor del rescate, amenazándola con quemarla, si dentro de ocho días no entregaba la suma pe-
dida. Exige quinientas vacas para la flota, las cuales
fueron entregadas por los maracaiberos á los dos
días, regalo que fue complementado con el valor
del rescate, á la hora del vencimiento. Quince días
después, durante los cuales Morgan dejó bien abaste-
cida su escuadra de todo lo necesario, siguió para la
Barra.

Llegamos al acto final de esta narración.

El pirata al encontrarse cerca del castillo, envía
uno de los prisioneros españoles á Don Alonso, y
le exige que le dejara pasar, y aceptara la entrega de los prisioneros; y que de lo contrario los ex-
pondría atados á las cuerdas de sus embarcaciones
á los cañonazos del castillo, para arrojar al agua á
los que sobrevivieran. *

Apela el inglés á cierta estratatagema, pero antes de ponerla por obra, se ocupó durante ocho días
en distribuir el botín, frente á Don Alonso, testigo de
cuanto pasaba sin poder remediarlo.

Eran los días de mayo de 1669, cuando llegó á
Morgan el momento de forzar la barra. Para esto
hace gala de preparativos, como en són de querer
atacar el castillo. Al momento gran número de sol-

---

* OEXMELIN. Obra citada.

dados bien armados y escojidos, acompañados de la bandera inglesa, descienden á las canoas y llegan á tierra. Cuando los filibusteros se ven cubiertos de los árboles de la costa, sin dejarse ver de los castellanos del castillo, se acuestan en las canoas, y casi arrastrándose vuelven á bordo sin ser vistos.

Don Alonso, en la inteligencia de que era plan de los aventureros atacar el fuerte por detrás, hace trasladar, para impedirlo, la mayor parte de sus cañones al reducto que miraba á tierra; lo que iba en provecho de los soldados de Morgan que tenía á bordo todo listo para pasar la noche, á la luz de la luna. Acostados estaban los más, bajo el entrepuente, y otros preparados á cerrar las troneras que abrieran los cañones, cuando la escuadra, aunque atacada por los fuegos de tierra, sale y se ve libre de los tiros de Don Alonso que queda con un palmo de narices. Morgan le remite entonces los prisioneros que tenía á bordo. La temeridad del Contra-almirante español había costado á Maracaibo pérdida de hombres y riquezas, y á la escuadra española tres navíos de guerra bien armados y tripulados.

La flota de Morgan, había dejado apenas las aguas del lago cuando la sorprende furioso huracán. Durante los tres primeros días, luchan aquellos hombres contra las fuerzas de la naturaleza, de manera heróica. Ya habían perdido anclas y velas, se habían hecho impotentes las bombas, faltaba el alimento y los hombres se sostenían con cuerdas; ya había desaparecido el sueño, y los marinos estenuados se entregaban á la desesperación, cuando llega el cuarto día y el huracán no cesa. Muerta la esperanza, la imaginación cree ver en las rocas y arrecifes de la costa, abismos que van á sepultar á los tripulantes que se creían ya presa de indios antropófagos ó de castellanos vengadores. De pronto, sombra pavorosa se proyecta en el horizonte: era la escuadra francesa del Conde de Estreés, en persecución de los piratas. Avanza sobre los marinos—espectros, y cuando estos, llenos de duda, temían el valor de Estreés, participaron de su bondad. Informado el jefe de la escuadra francesa de las desgracias de que eran víctimas aquellos piratas, supo socorrerlos de una manera tan generosa como espléndida.

Así concluyó esta invasión que tan fatal fue para los pobladores de Maracaibo y de Gibraltar.— Los que merecían la muerte, como piratas perpetradores de tantas tropelías, alcanzaron el perdón, en momentos de terrible angustia.

Un cronista inglés, Dalby Thomas, que escribió acerca de la historia de las antillas inglesas en 1690, después de hablar con entusiasmo de las expediciones piráticas de Morgan, agrega: «Este hombre, grande honra de Inglaterra y terror del castellano, fue traído de Jamaica á Londres y encerrado en una prisión, sin que se le acusara de crimen alguno, ni le juzgase tribunal. Después de tres años de encierro, agotadas sus riquezas, perseguido de sus conmilitones, y bajo la influencia de un clima inclemente, Morgan fue poco á poco estenuándose, sin fortuna, sin amigos y devorado por tisis lenta que le llevó al sepulcro.» *

Es sensible que cuando este gran bandolero desaparecía, abandonado de sus semejantes y de la suerte, no hubiera tenido á su lado á los descendientes de las numerosas víctimas que, en la América española, constituyeron su efímera gloria. De ellos habría recibido el perdón, en tanto que de sus compatriotas no habia alcanzado sino el desprecio.

* SOUTHEY Chronogical History of the West Indies. 3 vls. en 8°, 1827.

DE COMO LOS FRANCESES HUYERON DE CARACAS SIN SAQUEARLA

Dice la tradición y confirman los geógrafos é historiadores de Venezuela, que Caracas fue saqueada en 1679 por piratas franceses. El jesuita Coleti así lo asegura, en su *Dizionario Storico-Geografico dell' America Meridionale*—1771, y también Alcedo en su *Diccionario geográfico-histórico de las Indias Occidentales ó América*, que fue publicado años más tarde, 1789. A estos siguen, Yanes en su *Compendio de la Historia de Venezuela* publicado en 1840, y Baralt en su *Resumen de la Historia de Venezuela*, que vió la luz pública en 1841. Y si los primeros citan el hecho, Baralt agrega á la aseveración de sus predecesores, « que los piratas se llevaron gran botín á bordo.»

Pues bien, nada de esto es exacto, aunque lo

hayan escrito cronistas, historiadores y geógrafos de ahora cien años, y confirmado Yanes y Baralt, y se repita en Manuales y Compendios de la Historia de Venezuela.   Todo esto es un mito, pues Caracas nunca fue saqueada por filibusteros franceses.

Hé aquí una cuestión, al parecer, embrollada, y sin embargo muy sencilla. Caracas nunca fue saqueada por los franceses, y no obstante, los franceses huyeron de Caracas: Caracas no fue saqueada por filibusteros franceses, y sin embargo, estos se llevaron á bordo un rico botín. Y lo más curioso de todo esto es, que los únicos perjudicados con motivo de la entrada de los franceses en Caracas, fueron los miembros del venerable Cabildo eclesiástico, á quienes costó el percance la suma de seis mil pesos.

Ahora parece la noticia más intrincada, pues entra un nuevo factor, el Cabildo eclesiástico. De manera que Caracas fue y no fue saqueada en 1679 ; y los franceses entraron y salieron, llevándose hasta las gallinas; y además, los capitulares de nuestra Catedral, fueron los únicos que tuvieron que pagar rescate á los invasores.

Referían nuestros antepasados y lo sabían sin duda alguna de sus padres y abuelos, que un tal Don Jaime Urrieta, hombre muy acaudalado, que figuró allá por los años de 1608 á 1610, tuvo el capricho de llamar á sus hijos varones con un solo nombre y á las hembras con otro. Hubo dos hembras y estas se conocieron con los nombres de Francisca y de Paquita. Hasta aquí todo va en orden; pero como

Don Jaime llegó á tener seis varones, al primero
le llamaron Pablo, á los dos que siguieron se les
bautizó con los derivados Pablito y Pablote. Al
llegar al tercero, Don Jaime, sin querer contrariar
su resolución, limitóse á estudiar los defectos físicos
de sus nuevos hijos, antes de bautizarlos, para darles
un distintivo que pudiera acentuar el nombre que todos debían llevar. Así se le puso al cuarto el
nombre de Pablo el tuerto; y al quinto Pablo el
zurdo ; pero el último, por haber salido algo zote,
obtuvo el nombre de *El gallo pelón.*

He aquí en qué paran las manías de dar un
mismo nombre á una serie de hermanos. Y esto
mismo puede decirse respecto de los nombres
geográficos. La Caracas saqueada por los filibusteros franceses en 1679 ¿fue la Caracas de Pablito
y de Pablote, la de Pablo el zurdo, la de Pablo
el tuerto, ó finalmente, la Caracas de *El gallo
pelón ?*

Caracas es el nombre que lleva, no sólo la
capital de Venezuela, sino también un riachuelo
en la costa, á barlovento de Naiguatá, que se desprende de la Cordillera y desagua en el mar. La
ensenada de los Caracas figura en estos lugares, y
los Caracas es el nombre que tienen, igualmente,
las ricas haciendas en la misma costa. El valle en
que está construida la capital de Venezuela se llama
valle de Caracas, y *Caracas* dicen también del grupo
de islas de la costa, á sotavento de Cumaná. En los
primeros años de la conquista castellana, no se conoció con el nombre de *Provincia de los Caracas* ó

de Caracas, sino la porción de costa vecina á las cimas del Avila, y tierrras interiores despobladas.

Por los años de 1678 á 1680, el conocido filibustero francés Francisco Gramont, después de haber saqueado varios lugares de la costa venezolana, se apoderó en 1680, del puerto de La Guaira, del cual tomó lo que quiso y se llevó prisioneros al Jefe y á la guarnición del puerto que alcanzaba á 150 hombres. Y no se limitó á pillar este lugar, sino que arrasó con los animales y objetos que hubo en la costa de los *Caracas* y haciendas de este nombre, para las cuales fue terrible azote. Este es el hecho que confirman las frases del historiador Baralt, cuando, al repetir lo que habían dicho sus predecesores, respecto del saqueo de la capital de Venezuela por filibusteros franceses, agrega: «llevaron á sus bajeles gran botín.» Este botín no salió de la capital Caracas, ni menos fué conducido por el camino y veredas que comunican á esta con el puerto de La Guaira; sino tomado en las costas *Caracas* y haciendas ricas de esta comarca, que fueron saqueadas en 1680, por el célebre pirata Francisco Gramont. *

Esta es la *Caracas del gallo pelón*, teatro de las fechorías de los franceses, y no la capital Santiago de León de Caracas que no ha sido saqueada sino en una sola vez, cuando en 1595 estuvo en ella, durante ocho días, el filibustero inglés Amyas Preston, aunque los mismos cronistas é historiadores

---

* Southey — Chronological History of the West Indies.—3 vls. 8° 1827.

como Oviedo, Alcedo, Baralt y otros, hayan asegurado que fue Francisco Drake.

En los días de que hablamos, los moradores de Caracas eran víctimas á cada momento, de alarmas que infundían el pánico en las familias. Era la época del filibusterismo, cuando Inglatera, Holanda y Francia, armadas contra España, trataban de arrancarle á ésta su conquista de América. Y aunque Caracas, por su pobreza, no despertaba la codicia de los aventureros extranjeros, sus habitantes temblaban, cuando se anunciaban en la costa alguno de tantos buitres rapaces, conocidos entonces con el nombre de filibusteros.

Por uno de estos sustitos pasaron los moradores de Santiago, en los días en que Gramont se llevó hasta las gallinas, de las costas de los *Caracas*. Figuraba como gobernador de Veneznela en ese entonces, Don Diego Melo Maldonado, hombre activo, que en presencia del peligro que podía correr la capital, hizo abrir fosos en las cuadras cercanas á la plaza mayor, donde pensó atrincherarse y defenderse. A la realización de esta idea contribuyeron los pobres con su trabajo personal y los ricos con sus caudales. En la lista de magnates de la capital se inscribió el Cabildo eclesiástico, voluntariamente y sin ninguna coacción, con la cantidad de seis mil pesos. Grande se despierta el entusiasmo en el momento del peligro, y menguado aparece cuando cesa el temor. Al partir los piratas, después de pillajes repetidos, Caracas respira, huye el pavor, y los moradores se

entregan al regocijo religioso, pues la Providencia
los había libertado de la miseria. Creía el Cabildo, que, por no haber Gramont bajado á Caracas,
se libertaba de la suma que había suscrito, cuando el gobernador, después de recoger la suscrición
en totalidad, recuerda á los capitulares, la obliga-
ción á que se habían comprometido. Es curiosa
la correspondencia que se entabla entre el gobernad-
dor que apremia y ellos que tratan de escaparse
por la tangente, como con frecuencia se dice.
Después de idas y venidas, de vueltas y revueltas,
el Cabildo, en fin, de buena ó de mala gana, con
sonrisa ó con lágrimas, entrega los seis mil pesos. *

Y tan escarmentados quedaron los canónigos
después de este chasco, que, cuando más tarde,
el monarca quiso comprometerlos, en caso semejante, es decir con contribución espontánea, pero
forzoza, por la manera de pedirla, el Cabildo
logró, en esta ocasión, irse de veras por la tangente.

Está probado que Caracas jamás fue saqueado
por los franceses; pero como es cierto que los franceses tuvieron que huir de Caracas, departamos
acerca de este hecho, para que así desaparezcan los
mitos y triunfe por completo la verdad histórica.

En los días de la segunda expedición de Miranda y arribo de éste á las costas de Coro, 1806,
fue tal el espanto que este suceso infundió

* Archivo del Cabildo eclesiástico.

en el ánimo de los caraqueños que, el gobernador
Guevara Vasconcelos, á pesar de haber desplegado
grande actividad, juzgó que era oportuno pedir
un auxilio á la isla francesa de la Guadalupe,
de donde enviaron á Caracas, en el término de la
distancia, doscientos soldados al mando de un
oficial, cuyo nombre no hemos podido averiguar.
Es lo cierto, que los doscientos franceses fueron
instalados en el Cuartel de San Carlos, y que en
éste permanecieron hasta fines de 1808.

Muy lejos estaba de la mente de Vasconcelos,
suponer que aquellas tropas iban á salir de Caracas, dos años más tarde, empujadas por un mo-
tín popular, contra los franceses, y más lejos aún,
prever su muerte que acaeció en 1807.

Muerto el capitán general, sucedióle en el
mando el segundo designado por la ley, el coronel
teniente de Rey Don Juan de Casas, español de
buena índole, aunque de carácter débil para
afrontar las difíciles circunstancias que iba á
atravesar su gobierno. Sabía Don Juan los sucesos de Bayona, en mayo de 1808, cuando á
mediados de julio, fueron aquellos conocidos de
la población de Caracas, de una manera inesperada. En aquellos días, dos comisiones habían
sido enviadas al gobierno de Venezuela, con en-
cargos diametralmente opuestos: la una era francesa,
inglesa la otra. El gobiero de Napoleón encargaba á su representante que entregara al gobernador y capitán general de Caracas, los docu-
mentos referentes al cambio político que acababa

de verificarse en España, é invitar á la Colonia á
hacer parte de la nueva monarquía. El gobierno
inglés encargaba al suyo que alertara al mismo
gobierno de Caracas, para que no fuera víctima
de las perfidias de Napoleón, y le ofreciera todo género de protección, como aliado que era de España.
Ambos delegados, que llegaron á Caracas casi á un
tiempo, fueron recibidos por el gobierno y pueblo
de la capital de diferente manera, pues estaban
diametralmente opuestos.

El 15 de julio se sabe en Caracas que había
llegado á La Guaira el bergantín francés *Le Serpent*, que tenía á bordo al comisario francés, el que
en el término de la distancia se presentó ante el
coronel Casas, y le entregó los pliegos de que era
portador. No habían corrido breves instantes,
cuando se trasparenta en el público la comisión que
traía el emisario francés, y grupos de curiosos
llenan las calles principales. En esto, uno de
los oficiales de la comisión, Mr. Lamanois, que
estaba alojado en la posada del Angel, se pone
á leer las noticias que acerca de los sucesos de
Bayona, contenían las *Gacetas* francesas. Es-
cuchábanle algunos curiosos y entre éstos el oficial ingeniero Diego Jalón, que, indignado
con procedimientos tan bajos como los empleados por Napoleón contra España, prorrumpe en
dicterios contra el gobierno francés. Comienza la
polémica, exáltase el patriotismo, es secundado Jalón
por oficiales venezolanos, y la posada se convierte
en campo de Agramante, cuando se escuchan los

16

gritos de:—«¡Viva Fernando VII y muera Napoleón con todos sus franceses!»—Por instantes la concurrencia se hace más numerosa, más entusiasta, y, en menos de una hora, como diez mil personas, escribe un testigo presencial, se hallaban al frente del palacio de gobierno y gritaban con furia:—«Viva Fernando VII y muera Napoleón.» *

En esto se reúne el Ayuntamiento en la sala capitular, y envía una comisión de su gremio al capitán general, con el objeto de que se reconociera á Fernando como Rey, y se le jurara públicamente la obediencia debida. Por tres ocasiones el gobierno quiere evadir el deseo popular, y por otras tres se presentan los diputados del Ayuntamiento, el cual triunfa por completo. Momentos más tarde, el gobierno, acompañado de todos los cuerpos oficiales y de numeroso concurso, proclamaba á Fernando VII.

Entre tanto, los comisionados de Napoleón que almorzaban tranquilamente en la casa del comerciante Joaquín García Jove, para quien habían traído cartas de recomendación, llegan á alarmarse, al conocer las proporciones que tomaba la asonada contra los franceses. Así lo participan al gobernador Casas y éste les envía á su secretario, el joven Don Andrés Bello, quien al ponerse al habla con el principal, oye la siguiente bravata del bonapartista:

---

* La posada del Ángel, destruida por el terremoto de 1812, estuvo en el sitio que ocupa la actual casa de dos pisos, número 9, en la Avenida Norte, cerca de la Metropolitana.

«Sírvase usted decir á su Excelencia que
ponga á mi disposición media docena de hombres,
y no tenga cuidado por lo que pueda hacerme
la turba que está vociferando en la calle.» * A
pesar de esta fanfarria, los comisionados franceses
hubieron de salir de Caracas en aquella misma
noche, protegidos por el gobernador, que les fa-
cilitó una escolta de seguridad.

En la misma tarde en que se verificaba en
Caracas el suceso que acabamos de narrar, llegaba á
La Guaira la fragata inglesa *Acasta*, á cuyo bordo
estaba el capitán Beaver, comisionado del gobierno
inglés para manifestar á los venezolanos, que los
pueblos de la Península se habían levantado contra los invasores.   Y mientras que los franceses
bajaban á La Guaira, muy bien escoltados, el capitán
inglés subía á Caracas, donde fue recibido con
frialdad por el gobierno, y con entusiasmo por las familias, lo contrario de lo que había pasado con
los franceses.   Esto contribuía á que la situación
se definiera y el horizonte se despejara.   De todos
modos, estos sucesos de 1808, fueron los precurso-
res de la revolución de 1810.

Antes de dejar á Caracas, el capitán Beaver
quiere apoderarse del bergantín francés, en aguas
del puerto, pero el gobernador Casas le amenaza
con hacerle fuego, si intenta tal proyecto.   Sin
poder contar, por lo tanto, con una protección deci-
dida de parte del gobierno de Caracas, Beaver baja á

* Amunátegui. Vida de Don Andrés Bello. Santiago de Chile 1 vol. en 4º 1882.

La Guaira, se reembarca y parte. Días después, el gobernador Casas mandaba salir, en dos porciones, á los soldados franceses, que desde 1806 estaban en Caracas, con el objeto de que permanecieran en Puerto Cabello y en La Guaira, de donde debían seguir á Guadalupe, en la primera ocasión. Mientras que esto pasaba con los franceses de 1806, ya los comisionados de Bonaparte y el bergantín *Le Serpent* habían sido buena presa del capitán inglés Beaver.

Así fue como los franceses que, en remotos tiempos, según los cronistas é historiadores de Venezuela, saquearon á Caracas, huían de ésta, dos siglos más tarde, sin haberla saqueado.

LA PRIMERA TAZA DE CAFE EN EL VALLE DE CARACAS

Con el patronímico francés de Blandain ó Blandín, se conocen en las cercanías de Caracas dos sitios; el uno es la quebrada y puente de este nombre, en la antigua carretera de Catia, lugar que atraviesa la locomotora de La Guaira; el otro, la bella plantación de café, al pie de la silla del Avila, vecina del pueblo de Chacao. Recuerdan estos lugares á la antigua y culta familia franco-venezolana que figuró en esta ciudad, desde mediados del último siglo, ya en el desarrollo del arte musical, ya en el cultivo del café, en el valle de Caracas, y la cual dió á la iglesia venezolana un sacerdote ejemplar, un patricio á la revolución de 1810 y dos bellas y distinguidas señoritas, dechados de virtudes domésticas y sociales, origen de las conocidas familias de Argain, Echenique, Báez-Blandín, Aguerrevere, 'González-Alzualde, Rodríguez-Supervie, etc., etc.

Don Pedro Blandain, joven de bellas prendas, después de haber cursado en su país la profesión de farmacéutico, quiso visitar á Venezuela, y al llegar á Caracas, por los años de 1740 á 1741, juzgó que en ésta podía fundarse un buen establecimiento de farmacia, que ninguno tenía la capital en aquel entonces. La primera botica en Caracas databa de cien años atrás, 1649, cuando por intervención del Ayuntamientp, formóse un bolso entre los vecinos pudientes, para llevar á remate el pensamiento de tener una botica, la cual fue abierta al público, y puesta bajo la inspección de un señor Marcos Portero. Pero esta botica, sin estímulo, sin población que la favoreciera, sin médicos que la frecuentaran, pues era cosa muy rara, en aquella época ver á un discípulo de Esculapio por las solitarias calles de Caracas, hubo de desaparecer, continuando el expendio de drogas en las tiendas y ventorrillos de la ciudad, como es de uso todavía en nuestros campos. El estudio de las ciencias médicas no comenzó en la Universidad de Caracas sino en 1763.

La primera botica francesa que tuvo Caracas, fundada por Don Pedro Blandain, figuró cerca de la esquina del Cují, en la actual Avenida Este, número 54, casa que hasta ahora pocos años, tuvo sobre el portón un balconcete. *

A poco de haberse Don Pedro instalado en Caracas, unióse en matrimonio con la graciosa cara-

* Ya sea porque los límites al Este de Caracas, llegaban, en la época á que nos referimos a la esquina del Cují, ya porque los sucesores de Don Pedro quisieron vivir

queña Doña Mariana Blanco Valois, de la cual tuvo varios hijos: y como era hombre á quien gustaba vivir con holgura, hízose de nueva y hermosa casa que habitó, y fue esta la solariega de la familia Blandain. En los días de 1776 á 1778, la famila Blandain había perdido cuatro hijos, pero conservaba otros cuatro: Don Domingo que acababa de recibir la tonsura y el grado de Doctor en Teología, y figuró más tarde como Doctoral en el Cabildo eclesiástico, Don Bartolomé, que después de viajar por Europa, tornaba á su patria para dedicarse á la agricultura y al cultivo del arte musical, que era su encanto; y las señoritas María de Jesús y Manuela, ornato de la sociedad caraqueña en aquella época. A poco esta familia, con sus entroncamientos de Argain, Echenique, Báez, constituyó por varios respectos, uno de los centros distinguidos de la sociedad caraqueña.

A estas familias, como á las de Aresteigueta, Machillanda, Ustáriz y otras más que figuraron en los mismos días, se refieren las siguientes frases del Conde de Segur, cuando en 1784, hubo de conocer el estado social de la capital de Venezuela. « El gobernador – escribe – me presentó á las familias más distinguidas de la ciudad, donde tropezamos con hombres algo taciturnos y serios;

en un mismo vecindario, es lo cierto que las hermosas casas de la familia Blandain y de sus sucesores Blandain y Echenique—Blandain—Báez—Blandain, Aguerrevere, Alzualde, etc., etc., figuran en esta área de Caracas, conservándose aún las que resistieron el terremoto de 1812.

* Esta casa destruida por el terremoto de 1812, bellamente reconstruida hace como cuarenta y cinco años, es la marcada con el número 47 de la misma avenida.

pero en revancha, conocimos gran número de señoritas, tan notables por la belleza de sus rostros, la
riqueza de sus trajes, la elegancia de sus modales y
por su amor al baile y á 'la música, como también
por la vivacidad de cierta coquetería que sabía unir
muy bien la alegría á la decencia.» Y á estas mismas
familias se refieren lcs conceptos de Humboldt que
visitó á Caracas en 1799: — « He encontrado en
las familias de Caracas — escribe — decidido gusto por
la instrucción, conocimiento de las obras maes-
tras de la literatura francesa é italiana y notable
predilección por la música que cultivan con éxito,
y la cual, como toda bella arte, sirve de nucleo que
acerca las diversas clases de la sociedad.»—Toda-
via, treinta años más tarde, después de concluida
la revolución que dió origen á la República de
Venezuela, entre los diversos conceptos expresados
por viajeros europeos, respecto de la sociedad de
Caracas, en la época de Colombia, encontramos
los siguientes del americano Duane, que visitó
las arboledas de Blandain en 1823, y fue obsequia-
do por esta familia. Después de significar lo
conocido que era de los viajeros el nombre de Blandain, así como era proverbial la hospitalidad de ella,
agrega: « el orden y felicidad de esta familia son en-
vidiables, no porque ella sea inferior á sus méritos,
sino porque sería de desearse que toda la humanidad
participara de semejante dicha.» *

En la época en que el Conde de Segur visitó

* CONDE DE SEGUR. Memoires, Souvenirs et Anecdotes, 3 vol.—HUMBOLDT,
Viajes.—DUANE. A visit to Colombia, I vol. 1827.

esta ciudad, el vecino y pintoresco pueblo de Chacao, en la región oriental de la Silla del Avila, era sitio de recreo de algunas familias de la capital, que, dueñas de estancias frutales y de fértiles terrenos cultivados, pasaban en el campo cierta temporada del año. Podemos llamar á tal época, época primaveral, porque fue, durante ella, cuando se despertó el amor á la agricultura y al comercio, visitaron la capital los herborizadores alemanes que debían preceder á Humboldt, y se ejecutaron bajo las arboledas al pie del Avila, los primeros cuartetos de música clásica que iban á dar ensanche al arte musical en la ciudad de Losada. En estos días finalmente, veían en Caracas la primera luz dos ingenios destinados á llenar páginas inmortales en la historia de América : Bello, el cantor de la Zona Tórrida; Bolívar, el genio de la guerra, que debía conducir en triunfo sus legiones desde Caracas hasta las nevadas cumbres que circundan al dilatado Titicaca.

¿Cómo surgió el cultivo del café en el valle de Caracas? Desde 1728, época en que se estableció en esta capital la Compañía güipuzcoana, no se cultivaba en el valle sino poco trigo, que fue poco á poco abandonado á causa de la plaga; alguna caña, algodón, tabaco, productos que servían para el abasto de la población, y muchos frutos menores; desde entonces comenzó casi en todo Venezuela el movimiento agrícola, con el cultivo del añil y del cacao que constituían los principales artículos de exportación. Mas la riqueza

17

de Venezuela no estaba cifrada en el cacao, que
ha ido decayendo, ni en el añil, casi abandonado,
ni en el tabaco, que poco se exporta, ni en la caña,
cuyos productos no pueden rivalizar con los de
las Antillas, ni en el trigo, cuyo cultivo está limi-
tado á los pueblos de la Cordillera, ni en el algodón, que no puede competir con el de los Estados
Unidos, sino en el café, que se cultiva en una gran
parte de la República.

Sábese que el arbusto del café, oriundo de
Abisinia, fue traído de París á Guadalupe por Des-
clieux, en 1720.   De aquí pasó á Cayena en 1725,
y en seguida á Venezuela.   Los primeros que in-
trodujeron esta planta entre nosotros fueron los
misioneros castellanos, por los años de 1730 á 1732,
y el primer terreno donde prosperó fue á orillas
del Orinoco.   El Padre Gumilla nos dice, que él
mismo lo sembró en sus misiones, de donde se
extendió por todas partes. El misionero italiano Gilli
lo encontró frutal en tierra de los Tamanacos, entre
el Guárico y el Apure, durante su residencia en
estos lugares, á mediados del último siglo.   En
el Brasil, la planta data de 1771, probablemente
llevada de las Misiones de Venezuela.

La introducción y cultivo del árbol del café en el valle de Caracas, remonta á los años
de 1783 á 1784.   En las estancias de Chacao, lla-
madas «Blandín,» «San Felipe» y «La Floresta,»
que pertenecieron á Don Bartolomé Blandín y á
los Presbíteros Sojo y Mohedano, cura este último
del pueblo de Chacao, crecía el célebre arbusto,

más como planta exótica de adorno que como
planta productiva.   Los granos y arbustitos recibidos de las Antillas francesas, habían sido distri-
buidos entre estos agricultores que se apresuraron á
cuidarlos.   Pero andando el tiempo, el padre Mohedano concibe en 1784 el proyecto de fundar un
establecimiento formal, recoge los pies que puede,
de las diversas huertas de Chacao, planta seis mil
arbolillos, los cuales sucumben casi en totalidad.
Reunidos entonces los tres agricultores mencionados,
forman semilleros, según el método practicado en las
Antillas, y lograron cincuenta mil arbustos que rin-
dieron copiosa cosecha.

Al hablar de la introducción del café en el valle
de Caracas, viene á la memoria el del arte musical,
durante una época en la cual los señores Blandín y Sojo desempeñaban importante papel en
la filarmonía de la capital.   Los recuerdos del arte
musical y del cultivo del café son para el campo
de Chacao, lo que para los viejos castillos feuda-
les las leyendas de los trovadores : cada boscaje,
cada roca, la choza derruida, el árbol secular,
por donde quiera, la memoria evoca recuerdos
placenteros de generaciones que desaparecieron.
Cuando se visitan las arboledas y jardines de
«Blandín,» de «La Floresta» y «San Felipe,» haciendas cercanas, como lo estuvieron sus primitivos
dueños, unidos por la amistad, el sentimiento y la
patria ; cuando se contemplan los chorros de Tó-
come, la cascada de Sebucán, las aguas abundo-
sas que serpean por las pendientes del Avila ;

cuando el viajero posa sus miradas sobre las ruinas de Bello Monte, ó solicita bajo las arboledas de los bucares floridos, cubiertos con manto de escarlata, las arboledas de café coronadas de albos jazmines que embalsaman el aire: el pensamiento se trasporta á los días apacibles en que figuraban Mohedano, Sojo y Blandín; época en que comenzaba á levantarse en el viejo mundo la gran figura de Miranda, y á orillas del Anauco y del Guaire, las de Bello y Bolívar.

El padre Sojo y Don Bartolomé Blandín acompañado éste de sus hermanas María de Jesús y Manuela, llenas de talento musical, reunían en sus haciendas de Chacao á los aficionados de Caracas; y este lazo de unión que fortalecía el amor al arte, llegó á ser en la capital el verdadero núcleo de la música moderna. El padre Sojo, de la familia materna de Bolívar, espíritu altamente progresista, después de haber visitado á España y á Italia, y en ésta muy especialmente á Roma, en los días de Clemente XIV, regresó á Caracas con el objeto de concluir el convento de Neristas, que á sus esfuerzos levantara, y del cual fue Prepósito. El convento fue abierto en 1771. *

Las primeras reuniones musicales de Caracas se verificaron en el local de esta institución, y en Chacao, bajo las arboledas de «Blandín» y de «La

* En el área que ocupó el convento y templo de Neristas, figura hoy el parque de Washington, en cuyo centro descuella la estatua de este gran patricio. Nuevos árboles han sustituído á los añejos cipreses del antiguo patio, pero aún se conserva el nombre de esquina de los Cipreses, á la que lo lleva hace más de un siglo.

Floresta.» El primer cuarteto fue ejecutado á la sombra de los naranjeros, en los días en que sonreían sobre los terrenos de Chacao los primeros arbustos del café. A estas tertulias musicales asistían igualmente muchos señores de la capital.

En 1786 llegaron á Caracas dos naturalistas alemanes, los señores Bredemeyer y Schultz, quienes comenzaron sus excursiones por el valle de Chacao y vertientes del Avila. Al instante hicieron amistad con el padre Sojo, y la intimidad que entre todos llegó á formarse, fue de brillantes resultados para el adelantamiento del arte musical, pues agradecidos los viajeros, á su regreso á Europa en 1789, después de haber visitado otras regiones de Venezuela, remitieron al padre Sojo algunos instrumentos de música que se necesitaban en Caracas, y partituras de Pleyel, de Mozart y de Haydn. Esta fue la primera música clásica que vino á Caracas, y sirvió de modelo á los aficionados, que muy pronto comprendieron las bellezas de aquellos autores.

Planteado el cultivo del café, como empresa industrial, los dueños de las haciendas mencionadas acordaron celebrar aquel triunfo de la civilización, es decir, el beneficio del arbusto sabeo en el valle de Caracas; y para llevar á término el pensamiento, señalaron en la huerta de Blandín los arbustos que debían proporcionar los granos necesarios para saborear la primera taza de café, en unión de algunas familias y caballeros de la capital aficionados al arte musical.

A proporción que las plantaciones crecían á la sombra paternal de los bucares, con frecuencia eran visitadas por todos aquellos que, en pos de una esperanza, veían deslizarse los días y aguardaban la solución de una promesa. Por dos ocasiones, antes de florecer el café, los bucares perdieron sus hojas, y aparecieron sobre las peladas copas macetas de flores de color de escarlata que hacían aparecer las arboledas, como un mar de fuego. ¡Cuánta alegría se apoderó de los agricultores, cuando en cierta mañana, al cabo de dos años, brotaron los capullos que en las jóvenes ramas de los cafetales anunciaban la deseada flor! A poco, todos los árboles aparecieron materialmente cubiertos de jazmines blancos que embalsamaban el aire. El europeo que por la vez primera contempla una arboleda de café en flor, recibe una impresión que le acompaña para siempre. Le parece que sobre todos los árboles ha caído prolongada nevada, aunque el ambiente que lo rodea es tibio y agradable. Al instante, siente el aroma de las flores que le invita á penetrar en el boscaje, tocar con sus manos los jazmines, llevarlos al olfato, para en seguida contemplarlos con emoción. No es nevada, no es escarcha; es la diosa Flora, que tiende sobre los cafetales encajes de armiño, nuncios de la buena cosecha que va á dar vida á los campos y pan á la familia. Pero todavía es más profunda la emoción, cuando, al caer las flores, asoman los frutos, que al madurarse aparecen como macetitas de corales rojos que tachonan el monte sombreado por los bucares revestidos.

De antemano se había convenido, en que la primera taza de café sería tomada á la sombra de las arboledas frutales de Blandín, en día festivo, con asistencia de aficionados á la música y de familias y personajes de Caracas. Esto pasaba á fines de 1786. Cuando llegó el día fijado, desde muy temprano, la familia Blandín y sus entroncamientos de Echenique, Argain y Báez, aguardaban á la selecta concurrencia, la cual fue llegando por grupos, unos en cabalgaduras, otros en carretas de bueyes, pues la calesa no había, para aquel entonces, hecho surco en las calles de la capital ni el camino de Chacao. Por otra parte, era de lujo, tanto para caballeros, como para damas, manejar con gracia las riendas del fogoso corcel, que se presentaba ricamente enjaezado, según uso de la época.

La casa de Blandín y sus contornos ostentaban graciosos adornos campestres, sobre todo, la sala improvisada bajo la arboleda, en cuyos extremos figuraban los sellos de armas de España y de Francia. En esta área estaba la mesa del almuerzo, en la cual sobresalían tres arbustos de café artísticamente colocados en floreros de porcelana. Por la primera vez, iba á verificarse, al pie de la Silla del Avila, inmortalizada por Humboldt, una fiesta tan llena de novedad y de atractivos, pues que celebraba el cultivo del árbol del café en el valle de Caracas, fiesta á la cual contribuía lo más distinguido de la capital con sus personas, y los aficionados al arte musical, con las armonías de Mozart y de

Bethoven. La música, el canto, la sonrisa de las gracias y el entusiasmo juvenil, iban á ser el alma de aquella tenida campestre.

Espléndido apareció á los convidados el poético recinto, donde las damas y caballeros de la familia Blandín hacían los honores de la fiesta, favorecidos de la gracia y gentileza que caracteriza á personas cultas, acostumbradas al trato social. Por todas partes sobresalían ricos muebles dorados ó de caoba, forrados de damasco encarnado, espejos venecianos, cortinas de seda, y cuanto era del gusto de aquellos días, en los cuales el dorado y la seda tenían que sobresalir.

La fiesta da comienzo con un paseo por los cafetales, que estaban cargados de frutos rojos. Al regreso de la concurrencia, rompe la música de baile, y el entusiasmo se apodera de la juventud. Después de prolongadas horas de danza, comienzan los cuartetos musicales y el canto de las damas, el cual encontró quizás eco entre las aves no acostumbradas á las dulces melodías del canto y á los acordes del clavecino.

A las doce del día comienza el almuerzo, y concluido éste, toma el recinto otro aspecto. Todas las mesas desaparecieron menos una, la central, que tenía los arbustos de café, de que hemos hablado, y la cual fue al instante exhornada de flores y cubierta de bandejas y platos del Japón y de China, llenos de confituras, y de salvillas de plata con preciosas tacitas de China. Y por ser tan numerosa la concurrencia, la familia Blandín se vió en la necesidad de conseguir las vajillas de sus relacionados, que de tono y buen gusto era en aquella época, dar fiestas en que figurasen los ricos platos de las familias notables de Caracas.

Cuando llega el momento de servir el café, cuya fragancia se derrama por el poético recinto, vése un grupo de tres sacerdotes, que precedidos del anfitrión de la fiesta, Don Bartolomé Blandín, se acercaron á la mesa : eran estos, Mohedano, el padre Sojo y el padre Doctor Domingo Blandín, que, desde 1775, había comenzado á figurar en el clero de Caracas. * Llegan á la mesa en el momento en que la primera cafetera vacia su contenido en la trasparente taza de porcelana, la cual es presentada inmediatamente al virtuoso cura de Chacao. Un aplauso de entusiasmo acompaña á este incidente, al cual sucede momento de silencio Allí no había nada preparado, en materia de discurso, porque todo era expontáneo, como era generoso el corazón de la concurrencia. Nadie había soñado con la oratoria ni con frases estudiadas ; pero al fijarse todas las miradas sobre el padre Mohedano, que tenía en sus manos la taza de café que se le había presentado, algo esperaba la concurrencia. Mohedano conmovido, lo comprende así, y dirigiendo sus miradas al grupo más numeroso, dice :

«Bendiga Dios al hombre de los campos sostenido por la constancia y por la fe. Bendiga Dios

---

* El Doctor Don Domingo Blandín, Racionero de la Catedral de Cuenca, en el Ecuador, tomó posesión de la misma dignidad, en la Catedral de Caracas, en 1807. El 25 de junio de este año, ascendió á la de Doctoral, y el 6 de noviembre de 1814, á la de Chantre.

18

el fruto fecundo, dón de la sabia Naturaleza á los hombres de buena voluntad. Dice San Agustín que cuando el agricultor, al conducir el arado, confía la semilla al campo, no teme, ni la lluvia que cae, ni el cierzo que sopla, porque los rigores de la estación desaparecen ante las esperanzas de la cosecha. Así nosotros, á pesar del invierno de esta vida mortal, debemos sembrar, acompañada de lágrimas, la semilla que Dios ama : la de nuestra buena voluntad y de nuestras obras, y pensar en las dichas que nos proporcionará abundante cosecha.»

Aplausos prolongados contestaron estas bellas frases del cura de Chacao, las cuales fueron continuadas por las siguientes del padre Sojo :

«Bendiga Dios el arte, rico dón de la Providencia, siempre generosa y propicia al amor de los seres, cuando está sostenido por la fe, embellecido por la esperanza y fortalecido por la caridad.» *

El padre Don Domingo Blandín quiso igualmente hablar, y comenzando con la primera frase de sus predecesores, dijo :

«Bendiga Dios la familia que sabe conducir á sus hijos por la vía del deber y del amor á lo grande y á lo justo. Es así como el noble ejem-

---

* Hace más de cuarenta años que tuvimos el placer de escuchar á la señora Dolores Báez de Supervie, una gran parte de los pormenores que dejamos narrados. Todavía, después de cien años, se conservan muchos de estos, entre los numerosos descendientes de la familia Blandin. En las frases pronunciadas por el padre Sojo, falta el último párrafo que no hemos podido descifrar en el apagado manuscrito con que fuimos favorecidos, lo mismo que las palabras de Don Bartolomé Blandin, borradas por completo.

plo se trasmite de padres á hijos y continúa como legado inagotable. Bendiga Dios esta concurrencia que ha venido á festejar con las armonías del arte musical y las gracias y virtudes del hogar, esta fiesta campestre, comienzo de una época que se inaugura, bajo los auspicios de la fraternidad social.» Al terminar, el joven sacerdote tomó una rosa de uno de los ramilletes que figuraban en la mesa, y se dirigió al grupo en que estaba su madre, á la cual le presentó la flor, después de haberla besado con efusión. La concurrencia celebró tan bello incidente del amor íntimo, delicado, al cual sucedieron las espansiones sociales y la franqueza y libertad que proporciona el campo á las familias cultas.

Desde aquel momento la juventud se entregó á la danza, y el resto de la concurrencia se dividió en grupos. Mientras que aquella respiraba solamente el placer fugaz, los hombres serios se habían retirado al boscaje que está á orillas del torrente que baña la plantación. Allí se departió acerca de los sucesos de la América del Norte y de los temores que anunciaban en Francia algún cambio de cosas. Y como en una reunión de tal carácter, cuyo tema obligado tenía que ser el cultivo del café y el porvenir agrícola que aguardaba á Venezuela, los anfitriones Mohedano, Sojo y Blandín, los primeros cultivadores del café en el valle de Caracas, hubieron de ser agasajados, no sólo por sus méritos sociales y virtudes eximias sino también por el espíritu civilizador, que fué siempre el norte de estos preclaros varones

Ya hemos hablado anteriormente del padre Sojo y de Don Bartolomé Blandín, aficionados al arte musical, que después de haber visitado el viejo mundo, trajeron á su patria gran contigente de progreso, del cual supo aprovecharse la sociedad caraqueña. En cuanto al padre Mohedano, cura de Chacao, nacido en la villa de Talarrubias (Extremadura), había pisado á Caracas en 1759, como familiar del Obispo Diez Madroñero. A poco recibe las sagradas órdenes y asciende á Secretario del Obispado. En 1769, al crearse la parroquia de Chacao, Mohedano se opone al curato y lo obtiene. En 1798, Carlos IV le elige Obispo de Guayana, nombramiento confirmado por Pío VII en 1800. Monseñor Ibarra le consagra en 1801, pero su apostolado fue de corta duración, pues murió en 1803. Según ha escrito uno de sus sabios apologistas, el Obispo de Trícala, Mohedano fue uno de los mejores oradores sagrados de Caracas. Su elocuencia, dice, era toda de sentimiento religioso, realzado por la modestia de su virtud. La sencillez y austeridad que se trasparentaban en su semblante, daban á su voz debilitada dulce influencia sobre los corazones.»

Hablábase del porvenir del café, cuando Mohedano manifestó á sus amigos con quienes departía, que esperaba en lo sucesivo, buenas cosechas, pues su producto lo tenía destinado para concluir el templo de Chacao, blanco de todas sus esperanzas. Morir después de haber levantado un templo y de haber sido útil á mis semejantes, será, dijo, mi más dulce recompensa.

Entonces alguien aseguró á Mohedano, que por sus virtudes excelsas, era digno del pontificado y que este sería el fin más glorioso de su vida.

—No, no, replicó el virtuoso pastor. Jamás he ambicionado tanta honra. Mi único deseo, mi anhelo es ver feliz á mi grey, para lo que aspiro continuar siendo médico del alma y médico del cuerpo. * Rematar el templo de Chacao, ver desarrollado el cultivo del café y después morir en el seno de Dios y con el cariño de mi grey, he aquí mi única ambición.

Catorce años más tarde de aquel en que se había efectuado tan bella fiesta en el campo de Chacao, dos de estos hombres habían desaparecido: el padre Sojo que murió á fines del siglo, después de haber extendido el cultivo del café por los campos de los Mariches y lugares limítrofes; y Mohedano que después de ejercer el episcopado á orillas del Orinoco, dejó la tierra en 1803. Sólo á Blandín vino á solicitarle la Revolución de 1810. Abraza desde un principio el movimiento del 19 de Abril del mismo año, y su nombre figura con los de Roscio y Tovar en los bonos de la Revolución Venezolana. Asiste después, como suplente, al Constituyente de Venezuela de 1811, y cuando todo turbio corre, abandona el patrio suelo, para regresar con el triunfo de Bolívar en 1821.

Siete años después desapareció Bolívar, y cinco más tarde, en 1835, se extinguió á la edad de no-

---

* Aludía con estas frases á la asistencia y medicinas que facilitaba á los enfermos de Chacao y de sus alrededores.

venta años, el único que quedaba de los tres funda-
dores del cultivo del café en el valle de Caracas.
Con su muerte quedaba extinguido el patronímico
Blandain.

Blandín es el sitio de Venezuela que ha sido más
visitado por nacionales y eñtranjeros durante un
siglo; y no hay celebridad europea ó nacional que
no le haya dedicado algunas líneas, durante este
lapso de tiempo. Segur, Humboldt, Bonplamd,
Boussingault, Stthephenson, y con estos Miranda,
Bolívar y los magnates de la Revolución de 1810,
todos estos hombres preclaros, visitaron el pintoresco sitio, dejando en el corazón de la distinguida
familia que allí figuró, frases placenteras que son
aplausos de diferentes nacionalidades á la virtud
modesta coronada con los atributos del arte.

Un siglo ha pasado con sus conquistas, cataclis-
mos, virtudes y crímenes, desde el día en que fueron
sembrados en el campo de Chacao los primeros granos del arbusto sabeo; y aún no ha muerto en la memoria de los hombres el recuerdo de los tres varones
insignes, orgullo del patrio suelo: Mohedano, Sojo y
Blandín. Chacao fue destruido por el terremoto de
1812, pero nuevo templo surgió de las ruinas
para bendecir la memoria de Mohedano, mientras
que las arboledas de «San Felipe,» y las palmeras
del Orinoco, cantan hozanna al pastor que rin-
dió la vida al peso de sus virtudes. Del padre
Sojo hablan los anales del arte musical en Venezuela, las campiñas de «La Floresta» hoy propiedad de sus deudos, los cimientos graníticos de la

fachada de Santa Teresa y los árboles frescos y lozanos que en el área del extinguido convento de Neristas circundan la estatua de Washington. El nombre de Blandín no ha muerto : lo llevan, el sitio al Oeste de Caracas, por donde pasa después de vencer alturas la locomotora de La Guaira; y la famosa poseción de café, que con orgullo conserva uno de los deudos de aquella notable familia. En este sitio célebre, siempre visitado, la memoria evoca cada día el recuerdo de sucesos inmortales, el nombre de varones ilustres y las virtudes de generaciones ya extinguidas, que supieron legar á lo presente lo que habían recibido de sus antepasados : el buen ejemplo. El patronímico Blandín ha desaparecido ; pero quedan los de sus sucesores Echenique, Báez, Aguerrevere, Rodríguez Supervie, etc., etc., que guardan las virtudes y galas sociales de sus progenitores.

Desapareció el primer clavecino que figuró entonces por los años de 1772 á 1773, y aún se conserva el primer piano clavecino que llegó más tarde, y las arpas francesas, instrumentos que figuraron en los conciertos de Chacao. Sobresalgan en el museo de algún anticuario las pocas bandejas y platos del Japón y de China que han sobrevivido á ciento treinta años de peripecias, así como los curiosos muebles abandonados como inútiles y restaurados hoy por el arte.

Los viejos árboles del Avila aún viven, para recordar las voces argentinas de María de Jesús y de Manuela, en tanto que el torrente que se

desprende de las altas cumbres, después de
bañar con sus aguas murmurantes los troncos
añosos y los jóvenes bucares, va á perderse en
la corriente del lejano Guaire.

CPSIA information can be obtained
at www.ICGtesting.com
Printed in the USA
BVOW07s2035180917

495170BV00012B/340/P